坂田 바둑 시리즈 ②
바둑의 공격·방어

– 공격과 방어의 테크닉 향상을 위한……

5段 沈宗植 校閲

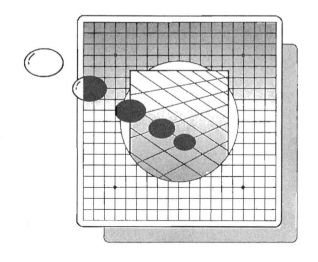

일신서적출판사

머 리 달

필자는 30여 년 간의 기사(棋士) 생활 중에서 바둑책의 출판에 대해서 한가지의 포부를 줄곧 품어왔다.

그것은 종래의 포석·중반·끝내기와 같은 형이 아니라 전혀 새로운 형—읽어서 재미있고 그러면서 읽은 사람은 저절로 기품(棋品)과 기력(棋力)이 비약적으로 발전할 수 있는 책이 아니면 안 된다 하는 희망이다. 바둑의 묘미는 심원한 것이다.

측량할 길 없는 이 오묘한 맛을 흥미있게, 그러면서 실전에 응용될 수 있는 관점에서 읽혀질 수 있으면, 하고 생각해 왔다.

이번 이 바둑시리즈 전 5권은 이러한 필자의 포부를 풀어 본 것이다.

이 책은 적의 대마를 잡음으로써 일거에 압도적인 승리를 얻을 수 있도록 대국에서의 공격과 방어요령을 파헤쳐 보았다.

상대방의 대마를 잡는 통쾌감, 그러기 위해서 배워야 할 열가지의 테크닉(수법), 그리고 이것을 역이용한 방어요령이 바로 그것이다.

이 책의 본질과 핵심을 여러분의 것으로 만들어 여러분도 상대를 일거에 섬멸하여 승리하는 그 통쾌감을 맛보아 주기 바란다.

九段 坂田榮男 識

目 次

Ⅰ. 승리에의 두 가지 길

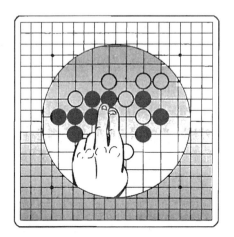

바둑에서 적의 돌을 잡는 방법이란 무턱대고 상대방의 돌을 잡아 버리자는 취지는 아니다.

잡을 수 있는 돌은 두려움 없이 잡자는 것, 또 잡아야 할 돌은 충분한 준비를 갖추고 나서 정확하게 잡아내자는 취지이다.

그러기 위해서 깨닫지 않으면 안 될 기술적인 면 즉, 소위 테크닉이라는 것을 풀어서 쓴 것이 바로 이 책이다.

그런데 상대방의 돌을 잡기 위해서는 어떻게 해야 할 것인가 하는 것은, 바꾸어 말하면 상대방에게 돌이 잡히지 않으려면 어떻게 해야 할 것인가라는 문제도 된다.

따라서 이 책은 이러한 돌의 공격법과 방어법에 대해 세세히 기술한 것으로서 애기가(愛棋家) 여러분이라면 반드시 읽어 두어야 할 것이라고 생각한다.

바둑을 승리의 길로 이끄는 데에는 크게 나누어서 두 가지의 길이 있다.

하나는 천천히 시간과 수수(手數)를 들여서 자연적으로 상대방을 패배의 길로 이끄는 것인데 전문가가 접바둑(置碁)을 지도할 경우에는 대체로 이 전법을 쓰고 있다.

왜냐하면 초반에서는 뭐라 해도 치석(置石)의 위력이 있기 때문에, 급전(急戰)에 뛰어들어서는 백이 불리하게 되기 때문이다.

그러므로 백은 한 수 한 수 될 수 있는 한 온건하게 운석하여 조금씩 세력의 균형을 접근시켜 나가야 한다.

그러는 동안 상대방에게 완착이나 마이너스의 수가 생길 수도 있으므로, 접바둑에서는 종반의 끝내기에 이르러서 백이 이기는 경우가 적지 않게 된다.

프로급의 기사 중에서는 高川格 9단이 이 지지부진형의 대표적인 기풍(棋風)이라 할 수 있다.

高川 9단은 어디까지나 무리를 하지 않고 호흡이 긴 전법을 주무기로 사용하고 있다. 대체로 바둑은 장기와는 달리 이같은 마라톤

형의 전법이 적당한 게임이다. 장기는 부분적인 세력은 별도로 치고 궁(宮)이 잡히면 그것으로써 승패가 결정되므로 급전(急戰)이라는 전법도 상당히 쓰여질 수 있지만, 바둑에서는 돌 하나하나가 평등한 지위에 있어 전체적 균형에 의해 승패가 결정되는 것이므로 급전의 전략이 반드시 성공한다고 할 수는 없다.

상대방에게 커다란 실수가 없는 한 끝마치기까지 기나긴 길을 걸어야 하는 것이 바둑의 본질적인 성격이다.

그러면서도 경우에 따라서는 이른 시기에 승패가 결정되는 일도 있다.

이것은 지지부진의 전법에 대한 제2의 케이스에 해당하는 것으로서 권투의 녹다운과 같은 것이다.

다시 말해서 15회전의 권투라면 최후의 15회전까지 싸워서 포인트의 차이로 승패를 정하는 것이 앞에서 말한 지지부진한 전법에 해당하는 것이다. 그리고 15회까지 끌고가지 않고서 이른 시기에 상대방에게 치명적인 펀치를 휘둘러 상대방을 녹다운시키는 것이 또 하나의 승리로 이끄는 길이 된다.

그리고 이 녹다운이야말로 바둑에서는 상대방의 커다란 돌을 잡아버리는 바로 그 현상인 것이다.

또 돌을 잡기 위해서는, 그에 따른 여러 가지의 테크닉과 거기에 필요한 역량을 갖추지 않으면 안 된다. 바로 이런 것들을 위해서 이 책이 씌어진 것인데, 이것이라면 15회전의 복싱이 빠르면 3회나 5회에서 끝나는 것처럼, 바둑도 재빠르게 이른 시기에 끝나버리고 만다. 관전도 즐겁지만 대국자도 귀찮은 끝내기를 하는 일 없이 장쾌한 승리감을 맛볼 수 있어 될 수 있으면 지지부진한 느림뱅이 전법보다 이 KO승을 거두고 싶은 것이 인지상정(人之常情)이다.

그러나 항상 그런 생각대로 상대방을 녹다운시킬 수 있다고 장담할 수 없다. 아무리 훌륭하게 돌을 잡는 방법이 있다고 해도, 상대방에게 빈틈이 없는 한 그 돌을 잡을 수가 없는 것이다.

영화를 즐기는 독자는 잘 알 것이다. 서부극에 나오는 무법자를. 석양의 황야에서 무법자는 혼자이다. 허리에 찬 권총…….

이처럼 눈에 선한 서부의 주인공 '무법자'의 특기를 지금부터 바둑에 도입시켜 여러분과 함께 연구해 보려는 것이다.

그런데 바둑에서는 실전상 처음의 작전으로는 첫째의 지지부진하고 느린 전법으로 나가지만, 상대가 한걸음도 늦추지 않는 강력한 수단을 쓰면 자신도 거기에 맞춰 한 발도 양보하지 않아 상상할 수 없는 커다란 싸움이 되는 경우도 적지 않다.

이는 '기호지세(騎虎之勢)'라는 말로 표현되는 것으로, 전문기사들의 국후담(局後談) 같은 데서

"이 2단젖힘은 기호지세였다."라고 하는 따위의 표현이 바로 이런 것이다.

바둑은 호흡을 하고 움직이는, 다시 말해 생명이 있는 것이므로, 이 바둑은 느리게 나가자, 끝내기에서 승패를 결정하자는 등 주문대로 움직여지지 않는다.

이것만으로도 돌을 잡는 쪽에서는 언제 찬스가 올지 알 수 없어 전전긍긍하는 스릴이 있다.

특히 아마추어들이 두는 바둑에서는 이러한 찬스가 대단히 많다. 즉, 대마(大馬)들의 사활이 아무렇게나 방치되는 예가 흔하다. 이 대마를 잡아버리면 그 대국은 그것으로 끝나고 만다. 그런데 오히려 다 죽은 대마를 살려주거나 무조건 죽음을 패로 만들어 버린다든지 하는 실례도 셀 수 없을 만큼 많다.

실제로 아마추어들, 특히 초보자들의 경우 더 한층 대마가 죽을 가능성이 많다.

첫째, 무거운 돌을 무리하게 도망치게 하기 때문이다. 상대의 벽에 딱 붙은 무거운 돌은 벌써 그 의무가 끝난 것으로 폐석(廢石)이라는 것이다. 이런 폐석을 그냥 억지로 이끌고 무리하게 도망치

려는 사람이 많다.

이거야말로 상대를 잡으려는 쪽에게는 절호의 목표가 되는 것으로, 돼지처럼 적당히 사육되고나서 잡아 먹히는 것이다.

어쨌든 무거운 돌은 무리하게 탈출해서는 안 된다. 목숨을 조각조각 쪼개면서 간신히 도망쳤다고 해도 상대방에게 절호의 진지를 구축하도록 허용하는 결과가 되고 만다.

둘째는 상대방의 수를 따라서 두는 것이다. 돌을 잡으려는 상대방은 가운데의 대마를 엿보고 있으면서도 적을 잡기에는 아직 준비부족으로 실패할 염려가 있다고 보아, 오른쪽에 함정을 파고 왼쪽에 모자를 씌운다든지 한다.

이런 준비단계에서 초보자는 상대방의 주문대로 일일이 응해 주어 버리므로 결국 한가운데의 대마가 도망칠 길이 없는 결과가 되고 만다.

접바둑에서는 특히 그러므로 상수자의 수단대로 응해주기만 해서는 능숙해질 수가 없다. 어디에서 손을 빼어 상대방의 돌을 공격할 것인가 하고 생각할 정도가 되어서야 그 사람은 일거에 성적이 향상될 수 있다.

아마추어 초보자들에게 대마를 죽일 가능성이 많은 셋째 이유는 이들에게 커다란 빈틈이 적지 않다는 것이다.

자기로서는 훌륭하게 두 집이 되어 어떻게 두어도 산다고 믿고 있지만 공배를 완전히 메우고 나서 급소를 치중당해 살지 못한다든지, 스스로는 전부 이어져 있다고 믿고 있지만 묘한 마늘모 붙임을 당한다든지, 끊긴다든지 하여 어느쪽도 한 집뿐이어서 결국 죽고만다든지 등의 이러한 예는 일일이 열거할 수 없을 정도이다.

프로급 전문기사들도 이렇게 잘못 착각하는 일이 있으므로 아마추어로서는 무리가 아니지만 실전에서는 가장 경계해야 할 일이다.

상대의 돌을 잡으려는 자가 꾹 참고 기다리고 있는 것은 바로 이러한 착각점을 노리자는 것이다.

이상이 초보자들이 대마를 죽이게 되는 가능성의 3대 원인이다.

그런데 프로급 전문기사의 말은 죽지 않느냐 하면 절대로 그렇지 않다.

흔히 접바둑의 경우에

"고수의 돌은 잡을 수 없다."

는 생각에서 고수의 돌을 잡으려고 하지 않는 사람을 보게 되는데, 이것처럼 커다란 잘못은 없다.

아무리 바둑의 고수라 할지라도 눈이 하나뿐인 돌은 살지 못하는 것이므로 이러한 약점을 발견하면, 그 허점을 노리고 강력하게 공격하는 것만이 기력(棋力) 향상의 길이 된다.

그렇다고 무턱대고 상대의 돌을 잡으려 하라는 것은 아니지만 능히 잡을 수 있는 상대방의 돌을 두려워하고, 잡으려 하지 않는다면 이거야말로 어처구니 없는 일이다.

접바둑의 통폐인 "고수의 돌은 잡을 수 없다."는 생각을 오늘부터는 배제하고, "고수의 돌을 잡자."는 용감한 사고방식으로 두어나가기로 해야 한다.

그런데 아마추어끼리나, 또는 아마와 프로의 대국시는 그렇다 하고, 프로와 프로의 대국시는 어떨까? 이때에는 대마가 죽는 율이 적다고 하겠다.

무엇보다 전문가는 돌의 사활(死活)을 잘 읽고, 죽을 것같은 돌은 더 이상 뻗대지 않고 유효적절하게 버리므로 녹아웃되는 바둑이란 별로 없다. 일푼, 일리를 세심히 재어보고 두기 때문에 당연하다고 할 수 있을는지도 모른다.

그러면서도 후편(後編)에서 상세히 설명할 본인방 秀哉명인과 雁金과의 대국에서 대마의 사활이 큰 패로 된 것을 비롯하여 예로부터 여러 가지 '공격적인 기보'가 남겨져 있다.

필자 자신의 기풍을 말하면 소년시절부터 항상 돌의 능률을 최대한으로 발휘시키려는 경향이 있어서 얇팍한 돌이 되어 이것으로 상

대방의 공격을 불러 일으키고, 그 사활이 바둑의 승패가 되는 일이
많으므로 '면도날 사까다(坂田)'라고 불리워지고 있다.

　이러한 공격적 대국중 대표적인 기보를 훑어봄과 동시에 기성(碁
聖) 道策 당시의 실전보, 기성 秀策 당시의 실전보 등 대마의 사활
이 그대로 바둑의 승패가 된 것 열 개를 선택하여 다시 한번 음미
해 보기로 하자.

　결론은 마찬가지로 대마가 잡히는 경우라 할지라도 그것이 이뤄
진 원인은 각각 다르다.

　또 대마를 잡는 수단 역시 각각 다른 것이며 달라지기 마련이다.

　이러한 점들을 잘 연구하면서 다음의 대국들을 훑어보기로 하자.

14

1. 坂田·篠原局 (坂田先番)

제1보 (1-41)

篠原 8단의 백번에 필자 흑번이다.

篠原 8단의 강한 힘은 예로부터 유명하다.

이 강력무쌍한 선배에 대하여 필자는 흑41로 우상의 백을 잡으려고 했다. 이보다 앞서 흑37로 구부려붙인 것이 이 돌을 잡는 작전의 전주곡으로 이것이 없다면 준비는 불완전한 것이다.

흑41이 없는 한 백가, 흑나, 백다, 흑라, 백마, 흑바, 백사, 흑아, 백자로 봉쇄되지 않는다.

흑37이 있으면 이 때 흑차로 모자를 씌울 수 있다.

그렇다고 백도 38을 생략해서 흑에게 카의 급소를 얻어맞아서는 재미가 없게 된다.

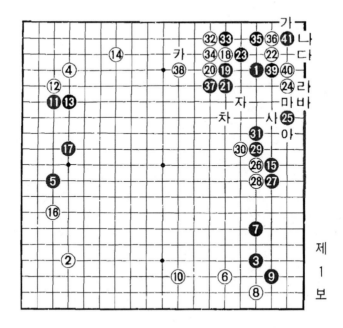

제1보

제 2 보 (42-82)

우상의 백은 죽었지만, 계속해서 흑이 노린 것은 백50 이하의 7
점이다. 이것을 공격하여 일거에 승패를 결정하려는 방침인데 그러
기 위해서는 그만큼 사전공작이 필요하다.

흑73에서 75까지가 그 첫째 수단이고, 흑77에서 88까지가 그 둘
째 수단이다.

백76으로 가에 방비하면 백 7점은 일견 무사하겠지만, 그러면 흑
나, 백76, 흑다로 뻗어 전체적으로 흑이 두터워지고, 백은 그만큼
희망이 없게 된다.

흑77 이하가 상대방에게 이기는 테크닉중에서도 흔하게 사용되
는 기대기의 전술이다.

백도 82의 곳을 흑에게 끊겨서는 안 되므로, 80·82까지의 응수
는 어쩔 수 없다.

이것으로 준비 완료. 흑은 중앙의 백 7점을 공격할 기회다.

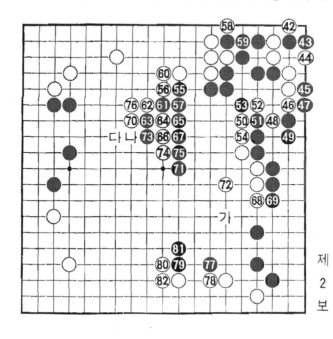

제
2
보

16

제 3 보 (83 - 85)

흑83으로 총공격 개시.

백 84에 흑가로 받으면 이어서 백85이므로 이것으로는 도저히 백을 잡기 곤란하다.

따라서 결론이지만 백은 어딘가의 수순으로 이 84를 선수로 활용하는 것이 급했다.

바둑의 묘미는 이러한 수순의 유무로 국면이 한꺼번에 변해버리는 수가 있다.

이 경우의 84는 단념하기 어려워 두는 수에 불과하다.

흑85는 당연한 것으로 다음의 수를 읽고나서의 최강의 공격수단이 된다.

우변의 흑진에 적을 끌여들여도 능히 이길 수 있다는 확신을 갖고 있기 때문이다.

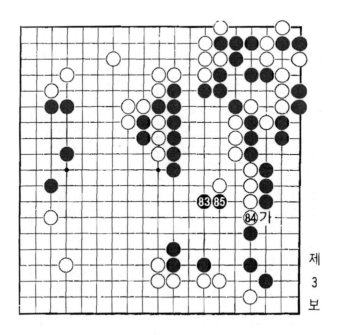

제 3 보

제 4보 (86-100)

백96과 흑97은 서로 맞보는 곳으로 두 곳 다 급소이다.

따라서 백96으로 97하면, 흑96하기 마련이므로 이하 백가, 흑나, 백다, 흑라, 백마, 흑바, 백사, 흑아, 백자로 일견 이 일단의 백이 간신히나마 살 수는 있을 것이다.

그러나 이 삶은 계속해서 흑차로 끊기는 수가 있으므로 백이 절망이라는 국세로 되고 만다.

앞에서의 수순 중 주의하지 않으면 안 될 것은 흑아의 수로 강력히 자의 눈을 없애러 가는 수단으로, 이것은 백아, 흑카, 백타, 흑파, 백하, 흑차 다음 백A, 흑B, 백C로 귀에서 죽었던 백 일단이 부활하여 버린다.

이러한 여러 가지 변화를 서로가 읽은 결과 백은 아래로 탈출을 시도했지만……

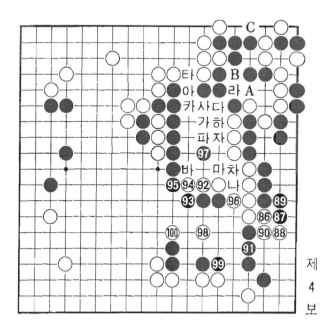

제 4 보

18

제5보(1-15 · 흑 압승)

일단 '이기자'고 방침을 세워 총공격을 개시한 이상, 도중에서 약한 생각을 가져서는 안 된다.

흑1로 가 따위에 꼬부려 붙여서는 백1로 두어버려 역전될 염려가 있는 것이다.

다시 말하면 계속해서 흑나, 백5에서, 흑4, 백다, 흑8, 백10으로 되면 12의 곳과 6의 곳은 맞보게 되어 흑이 궁지에 빠지게 된다.

또 나에 나오는 수로, 11에 꼬부렸어도 백9, 흑라, 백마, 흑5일 때 백10, 흑12, 백바, 흑사, 백나로 되어 이 맞싸움에서는 흑의 실패이다.

흑7, 9는 틀림없이 절단을 기약한 수이며——

이렇게 하여 목표한 백의 일단을 잡으면 승패는 이미 판가름이 난 것이다.

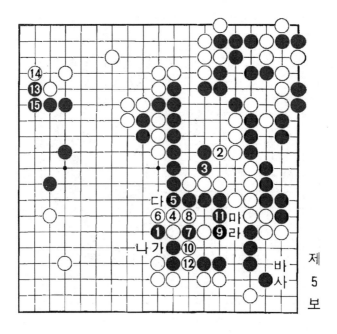

제
5
보

그러면 이것에 이어서 위기사(圍碁史)의 초기를 대표하는 기성 道策의 실전보에서 두 가지를 선택하여 선인의 발자취를 더듬어 보자.

본제와는 무관하지만 우선 道策에 대해서 설명하면…….

필자는 바둑의 역사상 커다란 혁명이 두 번 있었다고 판단하고 있다.

최초의 혁명은 4대 본인방 道策 명인이다.

그는 30세일 무렵, 명인이 되어 당시 다른 기재들이 숱하게 많았음에도 불구하고,

"道策은 기품 11단격이다."라고 불리워졌던 것이다.

道策은 그때까지 그대로 답습하고 있던 방법에 이론을 확립시켰을 뿐 아니라 합리적인 근대 바둑의 기초를 쌓은 것이다.

다시 말해서 현재 바둑의 해부학이라고 일컬어지는 수나누기라는 새로운 방법을 창안해낸 것이다.

지금도 이 道策11단격을 기성이라 하는 이유가 바로 여기에 있는 것이다.

그러면 제2의 혁명이란 무엇을 말함인가?

그것은 1934년에 木谷·吳淸源 두 사람에 의해 발견된 새로운 포석이라고 생각된다.

새 포석이 발표되었을 무렵 그것은 어느 대국에서나 아마추어들이 화점에 두거나 제4선 또는 제5선에 두는 공중전을 전개하는 화려한 것들이었다.

지금 성행하고 있는 높은 협공은 바로 이 정신에 입각한 것이라고 볼 수가 있겠다.

2. 道策·道的局 (道的 2 점)

제 1 보(1-36)

당시 道策에게 선으로 이기는 자가 없었지만 그의 문하에는 그에게 뒤떨어지지 않을 정도의 수재가 5명이나 있어 당시 '오호(五虎)'라고 불리워지고 있었다.

첫째 小川道的, 둘째 桑原道節, 셋째 佐山策元, 넷째 星合八碩, 다섯째 熊谷本碩이다.

그 중에서도 본국을 둔 道的은 다섯 제자 중에서도 가장 뛰어나, 이 대국을 두었을 때에는 13세라고 기록되어 있는데 그는 이미 6단격으로 고금에 없는 신동이라고 칭찬받았었다.

15세에 이미 본인방의 후계자가 되었고 다음 해부터는 어전에서 대국하는 영광을 누리기도 했다.

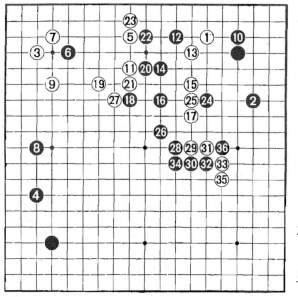

제 1 보

제 2 보 (37-50)

道的의 놀라운 진보를 본 스승 도책은 어느 날 그를 시험코자 호선(互先)으로 두자고 하여 서로 흑으로 일국씩 대국하였다.

그랬더니 서로가 흑번이었을 때 한 집씩 이겼다는 것이다.

이처럼 뛰어난 도적이었으나 애석하게도 그는 21세의 젊은 나이로 세상을 떠났다.

이 때문에 도책은 장중의 보석을 빼앗긴 것처럼 낙심천만이었다고 전해지고 있다.

참으로 도책은 제자 운이 없었다. 策元을 25세에, 八碩을 24세에, 本碩을 23세에 연달아 잃은 것이다.

게다가 홀로 남아있던 道節도 井上因碩의 후계자로 되어버렸기 때문에 그는 어린 道知의 장래에 희망을 걸 수밖에 없었다. 이 실전보를 보더라도 道的의 요절은 참으로 가슴 아픈 일이다.

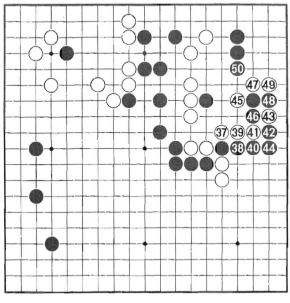

제 2 보

제 3 보 (51-62)

이 바둑이 두어진 때는 지금으로부터 약 3백년쯤 전이다.

이 시대의 운석(運石)과 현대의 것을 비교해 보면, 현대는 한 치라도 빈틈이 없을 정도로 두지만, 3백여년 전의 그 당시 이미 현대적인 사상을 근본으로, 현재의 정석이 두어지고 있었다는 것에는 저절로 머리가 숙여진다.

역사적으로 바둑의 사고 방식을 훑어보면, 우선 최초로 이론적인 색채를 나타낸 것은 井上家의 창시자 道碩으로, 그는 귀, 변, 중앙의 우열을 비교하여 귀의 우세함을 확실히 인정했다.

道策은 그로부터 약 50년 후, 수나누기의 방법을 확립시킴과 동시에 소목에서의 한칸 협공, 두칸 협공에 대해 새로운 세칸 협공을 창안하여 전체적인 타착 방법을 가르쳤다.

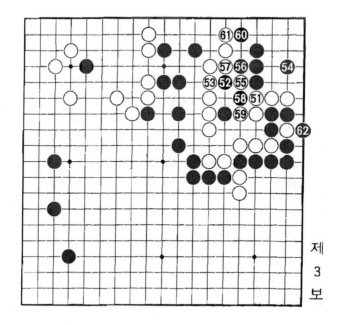

제 3 보

제 4 보 (63-86)

이 대국은 흑이 두 점 붙인 접바둑이라지만, 이 혹의 견고함은 이것이 13세인가 하고 놀랄 정도이며, 당시 道的이 신동이라 불리운 것도 무리가 아니라는 생각이 든다.

도책은 귀의 흑에 무엇인가 주문을 붙이려고 호시탐탐 노리고 있음에도 불구하고 제3보 흑62로 빵따내어 백으로부터의 번거로움을 없애버린 냉정성, 또 본보 72로 급소에 붙여 백의 야망을 분쇄해 버린 침착성은 참으로 보기 힘든 것이라 하겠다.

백73에 대한 혹74도 기민한 것으로 76이하로 맹렬하게 백 일단에 대하여 총공격을 개시하였다. 단, 백을 쥔 도책에게도 소중하게 간직한 최후의 수단이 있었다.

그렇기 때문에 백은 81에서 85까지를 두어 다음에 패싸움으로 돌입한 것이다.

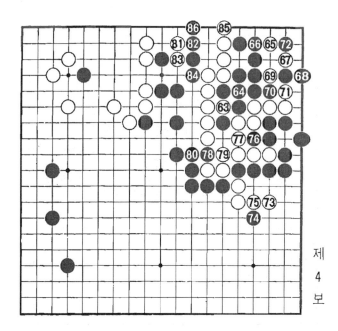

제
4
보

제 5 보 (87-92 · 흑 압승)

백의 비상 수단은 89의 먹여치기에 의한 커다란 패이다. 백으로
서는 될 수 있으면 89에 먼저 두어 흑90, 백87, 흑88, 그리고서
백89로 패를 따는 순서를 취하고 싶었음에 틀림없다.

패에 져서 만약에 흑이 이으면 우변은 그대로 맞싸움에서 흑이
지고 말기 때문이다.

그러므로 흑으로서는 이 패가 절대로 이어져서는 안되는 것이므
로 제4보에서 道的은 이미 76, 78로 공배를 메꾸어 둔 것이다.

백은 이 때문에 87쪽부터 둘 수밖에 없었으므로 만패불청하고 흑
은 92로 따내 버린 것이다. 이쯤 되면 백이 가로 돌파해서 나오는
정도로는 흑에 비교가 안 되므로 백은 돌을 던질 수밖에 없다는 결
론에 도달하게 된다.

계속해서 이번에는 道策의 걸작 기보에 접해 보자.

우선 道策이 고안해낸 '수나누기'라는 것에 대해 알아보자.

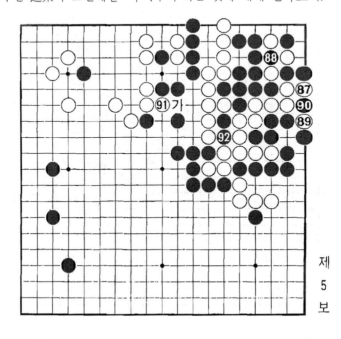

제
5
보

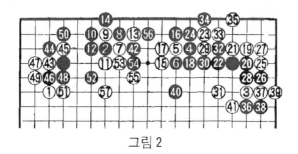

수나누기란 용어를 정의하면,

"착수된 모든 돌의 능률을 최대한으로 발휘시키기 위해 수순을 전후하여 조사하는 방법."

또는,

"기리(棋理)에서 본 형의 분석"이라 할 것이다.

道策은 이러한 사고 방식에서 상대의 세력을 될 수 있는 한 중복시켜 응형(凝形)이 되게 하는 것이다.

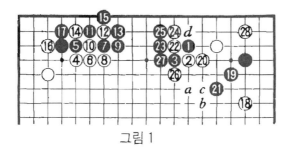

그림 1

그림 1은 道策이 25세 때 7단인 知哲에게 백을 쥐고 둔 대국.

양쪽에서 통쾌하게 압박한 다음에 흑a, 백b, 흑c, 백d로 되는 것인데, 상변 중앙에 있는 흑이 우형(愚形)화했음을 인식하기 바란다.

그림 2는 道策이 38세 때 유구 사람 浜比賀의 넉 점 접바둑에 대국한 것인데, 결국 백이 14집 승이 되었다. 흑의 눈목자 굳힘에 대해 백이 5, 7로 응한 것이 대단히 흥미롭다고 생각된다.

그림 2

26

3. 道策 · 道砂局 (道砂 先番)

제1보 (1-13)

이 바둑은 제1수에서 70수까지를 숫자를 생략하고 간단히 흑백으로 표시했다.

때문에 기보의 흑1은 흑71에 해당한다.

흑은 1, 3으로 우선 상변의 백을 공격했다. 그리고 백이 12까지로 삶의 형이 되자, 이번에는 13으로 좌상의 백에 공격을 가했다. 그리고 그 공격의 기세로 아직 불완전한 좌하의 백 일단을 공격하자는 것이다.

'공격은 분단시키고서……'라고 가르친 것처럼 이 바둑은 바로 그 것을 그대로 실전에 옮긴 기세로 다음에서 그 맛이 최고조에 달했는데, 이를 기성 道策은 어떻게 타개했나 살펴보도록 하자.

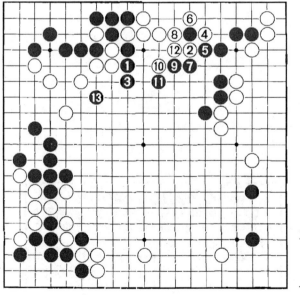

제
1
보

제2보 (14-27)

본보 흑27까지로 보면, 백은 위아래로 완전히 분리당하고 말았다. 흑은 다음에 가로 단수, 백나, 흑다로 봉쇄하는 수단과 아래쪽 흑라의 마늘모로 공격하는 수단과의 두 가지를 노리고 있는 것이다.

여기서 道策은 대단히 장고(長考)했으리라고 추측이 되나 시간의 기록이 없으므로 유감이다.

결국 道策은 다음 기보의 28로 두었는데 이것에 대해서는,

"귀에 생기는 패의 수까지 세어 백98(여기서는 28)에서 손을 뗀 귀신같은 솜씨"

라고 부기되어 있다.

이 결과가 어떻게 될까? 다음 페이지를 보기 전에 여러분도 꼭 수순을 읽어 보도록 하자.

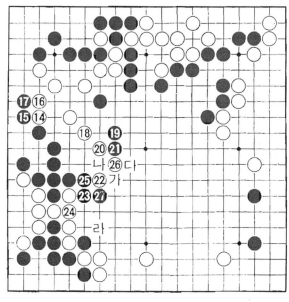

제 2 보

제 3 보 (28-29)

道砂라는 사람은 道策의 동생이다. 道策과 함께 정진했는데 井上 2세가 69세로 세상을 하직한 다음 그의 후계자가 되어 井上因碩 3세가 되었다. 井上家는 대대로 因碩이라는 이름을 호로 삼았었다.

이 道砂因碩의 후계자로 된 것이 바로 道策의 문하생 道節이다.

道的이 本因坊의 후계자로 정해졌을 때에 井上의 문하로 옮겨간 것이다.

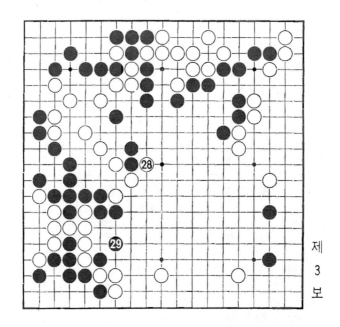

제
3
보

제 4 보 (29-78)

제3보 백28로 중앙에 보강하였으나 좌하의 백은 어느 쪽으로도 차단이 가능하므로 흑이 29로 이쪽에 공격을 개시한 것은 너무나 당연하다 할 것이다.

이리하여 좌하귀는 백50으로 패싸움이 되었는데 패싸움의 경우, 서로에게 어떠한 팻감이 어느만큼 있는가는 패에 돌입하기 전에 신중히 읽고 나서 돌입하기 마련이다.

아마추어의 경우에는 패가 되고 나서야 비로소 반면 전체를 훑어 보고 자기에게 패가 몇이고 적에게는 몇인가를 헤아리는 사람이 대부분이다. 따라서 그 이전에 팻감을 헤아릴 정도가 되면 그 사람은 프로급이라 해도 좋을 것이다.

그런데 이러한 국면에서 백78로 우변 중앙에 때렸으니 흑에게는 곧 이어나갈 팻감이 없어지게 되었다.

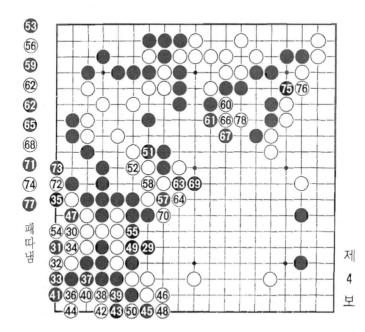

패 따 냄

제 4 보

30

제5보(79-102 · 백 압승)

흑79로 막아 패싸움은 해결되었지만 부득이한 수였을 것이다.

이 패싸움의 안팎 계산은 70집에 가까워, 이에 대신할 것이 없다.

백은 이 때문에 80으로 뚫고 나와 84까지로 우상의 흑 일단을 통째로 삼켜 버렸다. 50집에 가까운 수확이므로 백으로서는 충분히 채산이 맞는다.

그뿐 아니라 복판의 흑이 엷어져서 85로 보강시켜야 할 필요성이 생겼다.

또 우하귀도 백에게 선착당해 흑의 패배는 결정적으로 되었다.

제1보에서 제5보까지는 참으로 숨돌릴 틈이 없는 공방전인데, 道策의 수읽기에는 일점의 틀림도 없어 후세에 귀신같은 솜씨라고 찬양받고 있다.

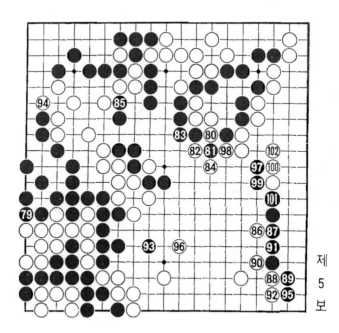

제
5
보

4. 丈和·幻庵局 (因碩先番)

제1보 (1-23)

애기가 여러분은 본인방 丈和 명인과 幻庵 井上因碩 준명인에 대해 들은 예가 있을 것이다.

바둑의 역사상 이 두 사람처럼 극적인 존재도 없을 것이다.

이들은 숙명적인 라이벌이라고도 할 수 있을 정도로 숱하게 많은 대국보를 남겨 주었다.

여기서는 특별히 단 59수로 끝나버린 대국을 선택했다.

이처럼 고급의 수임에도 불구하고 이처럼 짧은 수수로 끝나버린 예도 거의 없을 것이다.

아마 丈和 명인의 컨디션이 아주 나빴던 모양이다.

국면에 들어가기 전에 두 사람에 관해 몇가지 더 이야기하자.

덕천말기, 바둑 황금시대의 꽃이라고 하여 이 두 사람만큼 대단한 존재도 없었다.

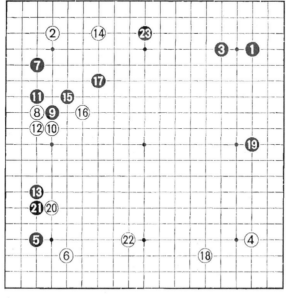

제 1 보

丈和는 1787년, 幻庵은 1798년에 태어났으므로 丈和가 11세나 위였다.

두 사람이 처음으로 얼굴을 맞대게 된 것은 丈和가 26세, 幻庵이 15세 때였는데, 그 이후 그들은 69국이나 대국했다.

두 사람은 소위 선상선의 차례로 대국했는데, 그 성적은 丈和가 승 28, 패 34, 무승부 7이라고 丈和 전집에 기록되어 있다.

丈和가 61세, 幻庵이 62세로 두 사람 다 천수를 누렸는데, 丈和가 대망의 명인을 손에 넣은 데 비해, 幻庵은 이러한 영광을 누리지 못한 채 세상을 떠났다.

丈和가 명인을 차지한 것은 45세 때의 일인데, 그 무렵의 일을 좌은담총(坐隱談叢)이라는 책에서는 다음과 같이 기록하고 있다.

"丈和는 키가 작으나 비대했으며 눈썹이 굵고 볼이 살쪄 조용하면서도 활활 타오르는 눈빛은 범할 수 없는 기품을 가지고 있었다. 명인을 차지했을 때 일문 일가의 기쁨은 비할 데가 없었으며 그 세력은 욱일 승천하여 새로이 도장을 설치하고 매달 4일, 10일, 16일, 20일, 26일의 5일을 대국회의 날짜로 정해서 당일에는 정오에 내빈 및 회원들에게 선물을 증정하고, 연소한 제자들로 하여금 자리에 안내하도록 했다. 그 성대한 모습은 옛날부터 지금까지 없었을 정도이다."

이 새로 차린 본인방 도장에서 자라서 명성을 떨친 이가 바로 기성(棋聖) 秀策이다.

秀策이 11세 때(1840년), 즉 초단이 되었을 때 丈和가

"이야말로 150년 이래의 신동이다. 우리 일문도 이제부터 그 기풍이 양양해질 것이다."

라고 하면서 대단히 기뻐했었다고 한다.

150년 이래라고 한 것은 道策 이후라는 의미로 해석할 수 있다.

幻庵은 귀재라고 일컬어지던 服部因淑의 문하에서 배웠으나 井上家에서 간청하여 그 후계자가 된 사람이다.

제 2 보 (24 - 26)

백이 24로 날일자에 굳힌 것은 귀가 엷기 때문이다.

이에 대하여 흑25는 다음과 같이 일석 삼조의 효과를 나타내고 있다.

첫째, 좌상의 맛을 이것으로 도와준다.

둘째, 좌변의 백 4점을 이것으로 공격한다.

셋째, 우상과 호응하여 대모양의 구축을 보여준다.

백26 그대로는 무엇보다도 흑이 가에 붙여올 염려가 있으므로 이를 보강하면서, 이렇게 한 다음 흑 나에는 백다, 흑라에는 백마로 뛰어 일거에 위아래를 강화하려는 것이다.

여기까지는 유연하게 움직였는데 그 다음 어떻게 하여 급전 직하의 형세로 돌변했을까 ?

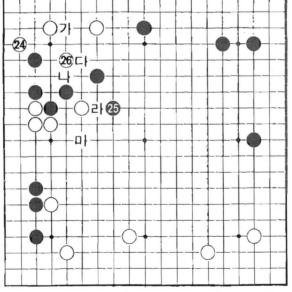

제
2
보

34

제 3 보 (27 - 29)

丈和와 幻庵은 둘 다 몇가지의 바둑에 관한 저서가 있는데 근대 바둑의 기본은 이 시대에 벌써 골격이 갖추어진 것이라 할 수 있다.

제 2 보에 이어서 흑은 27, 29로 저행했지만, 이것은 앞에서 말한 바와 같이 백의 주문을 싫어하는 흑으로서는 다음에 백가, 흑나, 백다, 흑라, 백마, 흑바, 백사, 흑아, 백자로 교환해서 백이 엿보는 끊음을 선수로 막고, 차로 선행하여 우상귀에 이상형을 구축하려는 것이다.

예상한 대로 이 정도의 고단자가 되면 쌍방 모두가 상대편의 주문에 휘말리지 않는다.

오히려 그 반대로 자기의 페이스로 끌어들이려는 노력을 기울이게 된다.

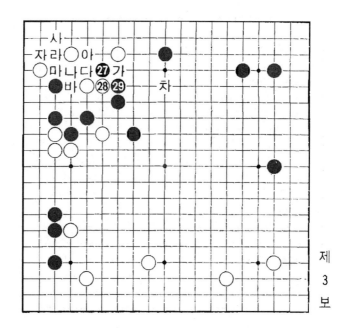

제
3
보

제 4 보 (30−41)

이 대국은《기경중묘(碁經衆妙)》라는 저서로 널리 알려진 林元美 준명인이 주최한 대국회에서 두어진 것이다.

수많은 병사들이 모여서 관전하고 있었는데, '아!' 하는 사이에 대마가 죽고 승패가 결정되었으니, 그것은 참으로 센세이셔널한 사건이었을 것이다.

흑35로 드디어 공격을 개시했다.

여기서 백가면 흑나, 백다면 흑라로 다음의 마와 바는 맞보고 있다.

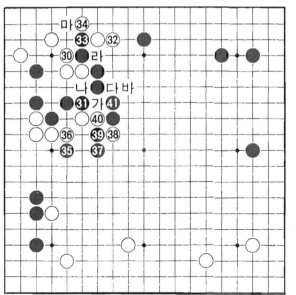

제
4
보

제5보(42-59·흑 압승)

백58에 흑59로 치받자 이내 丈和는 돌을 던지고 말았다.

호쾌하면서도 치밀하기로 무쌍의 박력을 과시하는 丈和로서는 참으로 이해가 안가는 불찰이었다.

수순중 백52로 가에 끊을 수는 있지만.

그렇게 해도 흑52로 끊겨, 요석(要石) 두 점이 잡히고 말아, 그렇게 되면 그 오른쪽에 있는 백42 이하 두 점이 전연 무의미하게 되고 만다.

체면상으로도 그렇게 두지 않을 것이므로 백은 52로 잇고서, 꽃처럼 산화해 버린 것이다.

프로급의 전문기사는 아마추어보다도 이러한 돌의 체면에 지나치다고 할 정도로 집착한다.

조금 응수를 묻고자 할 때부터 생각할 수 없을 정도의 난전이 되어버리는 것은 이러한 의지에서이다.

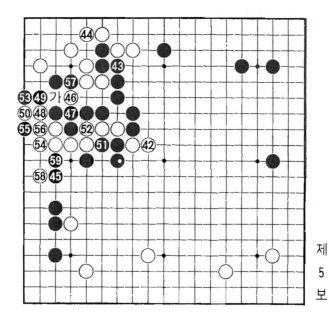

제
5
보

이 다음에서는 기성 秀策의 자취를 더듬어 보기로 하자.

기성 道策과 함께 그만큼 커다란 발자취를 남긴 기사도 없다.

지금까지도 누구나 알고 있는 一三五의 秀策流는 놀랍게도 아직까지 선번필승(혹이 반드시 이기는)의 포석으로 애용되고 있다.

또한 어전 대국에서 13년간 19국을 두어 전승의 기록을 수립했다는 것은 유명한 이야기이다.

"이번 대국은 어떻습니까?"

하고 승패를 물으면 승패는 말하지 않고,

"선번(先番)입니다."

하고 대답했다는 에피소드도 있다.

만약 오늘날같이 선번이라도 5호반이라는 공제가 있었다면 도저히 이렇게는 대답할 수 없었을 것이다.

공제의 이야기가 나왔으니까 하는 말이지만 4호반이라면 흑쪽이 유리하다고 생각한다.

앞에서 말한 丈和 명인의 호쾌한 기풍과 비교하면 秀策은 건실하며 힘을 바탕으로 두는 기풍을 갖고 있다.

필자도 한때는 이러한 선현의 기보를 열심히 늘어놓아 보았었는데, 그때는 이들 기성들이 바둑에 대하는 정열에 접한 것같은 생각이 들었다. 필자는 이들의 얼굴을 알 리가 없었지만, 무엇인가, 그리고 어느 틈엔가, 이들 기성이 필자의 곁에 있는 것같은 착각에 사로잡힌 일도 여러 번 있었다.

또 기성(棋聖)이라는 문자에서는 연상하기 어려운 것이지만 秀策은 상당한 장고(長考)를 했던 것 같다.

秀策에게는 흥미있는 에피소드가 있다. 그것은 秀策이 23세 때에 스승 秀和(40세)와 대국에서 선번으로 두다가, 중간에 봉한 채로 반년이 경과한 다음해 3월에 계속한 것인데, 이때 그림3 수순 다음, 그림4와 같이 두어 버렸던 것이다.

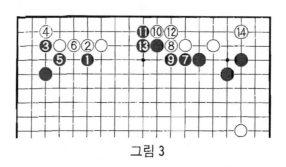

그림 3

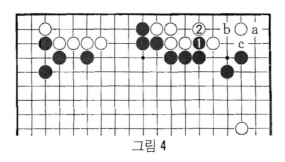

그림 4

이곳은 뚫고 나간 다음 7, 9로 미는 수와 그냥 7, 9로 미는 두 가지 방법이 있다. 그림3에서 흑이 1에서 5까지 결정한 것은 백이 13에 끊는 바꿔치기를 방지한 것이다. 그림3 백14까지로 되면 차라리 뚫고 들어가지 않는 것이 좋다. 다시 말해 그림4에서 다음 흑a, 백b로 된 다음에 흑c는 후수가 되지만, 흑1과 백2의 교환이 없으면 흑c는 선수로 이익이다.

대국해 나가는 도중에 秀策은 이 경솔한 수순을 알아차렸지만, 이미 엎질러진 물이어서 석 집 승이라는 결과로 낙착되고 말았다.

어딘가 유머가 풍부하게 풍기는 이야기다.

5. 秀策・松次郎局 (秀策先番)

제1보(1-7)

이것은 秀策이 16세 때의 대국이다.

松次郎은 당시 6단이었다. 뒤에 丈和로부터 이름을 얻어 松和라고 고쳤으며, 秀策과 함께 어전 대국에 참여하였다.

그는 나고야 사람으로, 그의 문을 두드리는 사람이 많았으며, 이바둑도 秀策의 방문에 의해 대국한 것이다.

秀策 선번으로 3승 1패라는 전과를 올렸다.

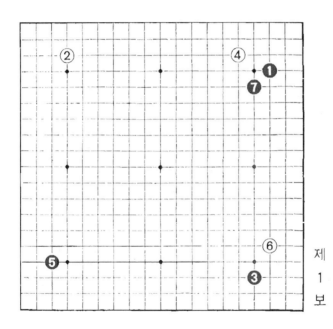

제1보

제2보(8-30)

이 시대는 대사(大斜)걸이가 한창 유행했었다.

대사에 대해서는 野澤竹朝의 《대사(大斜)정석법》 3권이 있다.

이것에 의하면 秀策은 본보 백14로 끊긴 형에서는 반드시 혹15로 뻗어나왔으며, 18로 끊는 수단은 한 번도 두지 않았다는 것이다.

당초에 대사 (大斜)는 그림5 의 백1 낮은 협 공에서부터 진행 된 것으로 이것 을 맨 처음에 둔

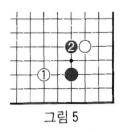

그림 5   그림 6

사람이 명인 因碩 문하의 相原可碩이다.

그는 그림6과 같은 전개를 펼쳤던 것이다.

무엇보다도 축관계를 생각하지 않고 두었던 것 같다.

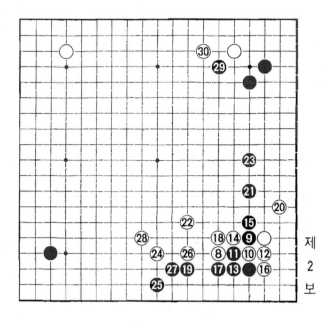

제 2 보

이것보다 앞서 5세 본인방 道知가 그림 7 백 1로 두었던 기보를 남기고 있다.

이것이야말로 대사 제일호라 일컬어도 무방할 것이다.

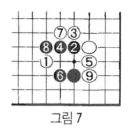

그림 7

제 3 보 (31-49)

이 바둑을 두고 나서 2년 후에 幻庵과 첫 선번을 두었는데 그때 우하귀에 그림 8의 모양이 이루어졌다.

秀策은 흑11로 두었는데 이 다음 백a, 흑b, 백c, 흑d, 백e이다.

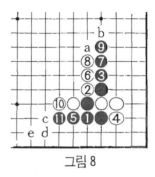

그림 8

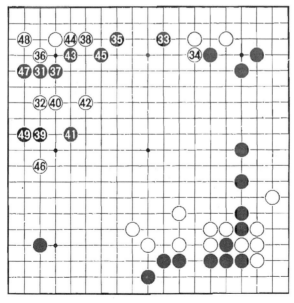

제 3 보

42

제 4 보 (50-66)

그렇기 때문에 앞 페이지 그림 8 의 바둑은 秀策이 훌륭하게 두어 결국 중반전에 이르렀을 때에는 중앙에 팔방을 엿보는 묘착을 하여, 이것을 본 幻庵이 귀가 빨개졌다는 유명한 이야기도 있다.

그때 秀策은 18세로 4 단이었다.

幻庵은 8단이었으므로 처음에는 두 점을 붙이고 두었으나 秀策의 실력을 인정한 幻庵은 결국 그 이튿날은 선번으로 두게 했다는 것이다.

본보에서도 건실하고도 예리한 秀策의 기풍을 엿볼 수 있다.

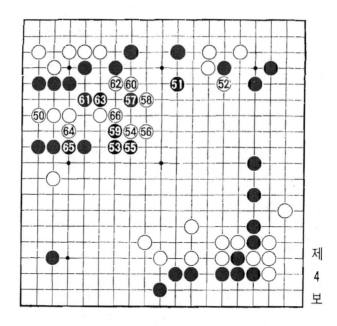

제 4 보

제 5 보 (67-81 · 흑 압승)

흑67에서 69로 끊어, 드디어 秀策은 본격적인 공격을 퍼붓기 시작했다.

흑81은 맥 중에서도 절품으로서 이 한 점은 깨끗이 백 5 점을 잡고 말았다.

좌우 동형의 중앙에 묘수가 있다는 격언의 전형적인 예라고 생각된다.

이 다음에 다시 중앙에 근거를 잃고 들떠 있는 백돌 8점이 무겁게 되었다.

松和가 여기서 돌을 놓고 손을 든 것은 물론이다.

이것만으로도 당시 소년 秀策의 기력이 어느 정도였는지 짐작이 가고도 남을 것이다.

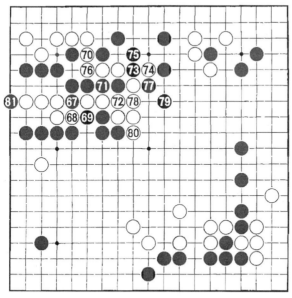

제 5 보

다음에는 다시 秀策과 雄蔵 7 단과의 대국보를 감상하기로 하자.

당시는 바둑계의 더할 수 없는 황금시대로서 당시의 세력가와 부호들은 앞을 다투어 바둑의 대가를 초청하여 대회를 개최하는 것이 유행이었다고 기록되어 있다.

이들 여러 바둑의 대가들 중에서도 특히 秀策과 雄蔵은 호적수였다고 전해지고 있다.

호적수라니까 동년배인가 하고 생각될지 모르나, 실은 22세나 차이가 있었다.

두 사람이 처음 대면한 것은 雄蔵이 36세로 6단, 秀策은 14세로 2단이었을 때의 두 점 접바둑이었다.

그후 12년간 두 점 접바둑 16국, 선번바둑 70국을 두어 46승 27패 13무승부를 기록하고 있다.

천재적인 秀策도 이 雄蔵에게는 상당히 고심을 했던 것으로 도저히 백을 쥐어 보지도 못했던 것이다.

1853년부터 秀策·雄蔵의 30번기가 호선(互先)으로 개시되었다.

한 사람은 47세, 한 사람은 25세였지만 그들은 다같이 7단이었다.

1월에서 11월까지 23국을 두었는데, 23국 때 雄蔵은 秀策을 멋지게 물리쳤다. 이것이 그의 일생의 걸작이라고 불리워지는 것이다.

그런데 24국은 두어 보지도 못하고 3년 후에 雄蔵이 죽었다.

기록에 의하면 雄蔵은 흰 얼굴에 붉은 입술이었으며 칠흑같은 머리칼에 눈썹이 미려한 호남이었다고 한다.

6. 秀策・雄藏局 (秀策先番)

제1보 (1-35)

秀策은 흑이라면 항상 一, 三, 五라는 소위 秀策流의 포석으로 싸웠는데 雄藏은 이를 싫어하여 백으로 바로 우하귀의 소목을 점령하였다.

백은 우상과 좌상에 흑의 양굳힘을 허용하고 있는데, 雄藏은 이에 대해 자신이 있었던지, 이보다 앞서 둔 대국에서도 흑7 까지는 똑같은 모양이 되었었다.

그 바둑은 백8로 우변의 화점에 두어서 흑의 압승으로 중도에서 끝나버렸다.

당시는 양굳힘을 당해서는 백이 손해라는 것이 상식이었다.

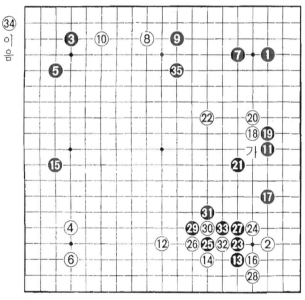

제 2 보 (36 - 59)

秀策은 효성이 지극했던지 자신이 대국했던 기보를 가끔씩 고향의 부친에게 보내곤 했는데, 그때마다 그는 스스로의 평도 붙여서 보냈다고 한다. 그 편지에는 이 대국에 대해서,

"흑41의 수는 좋음. 백42로 두었을 때 흑43, 45, 47로 5의 흑1점을 버림으로써 백42의 형을 나쁘게 만듦. 뒤에 91로 두었을 때 백92로 호구벌리게 됨"이라고 씌어 있다.

전문가의 경우, 각각의 돌에 대한 사활에 관해서는 깊은 주의를 기울이고 있으므로 단순히 직접 공격을 걸어도 전과를 올릴 수 없다.

무엇보다 효과적인 것은 약한 돌이 둘 있을 때에 그 양쪽을 따로따로 분리시켜 공격하는 것이다. 이 바둑은 분리하여 공격하는 방법의 모범적인 형이라 하겠다.

흑59로 붙여 백은 좌우가 연락되지 못하고 분리되고 말았다.

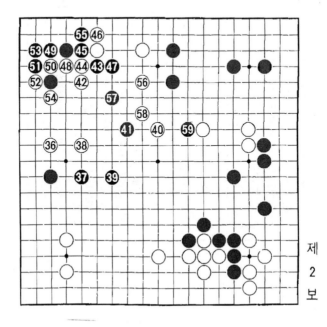

제 2 보

제 3 보 (60-81)

여기서 잘 보아 두어야 할 곳이 세 군데 있다.

첫째, 백74는 찬스를 보아 가로 끼어 패싸움에 의한 절단을 엿
보고 있다는 점이다.

이곳을 끊으면 좌우에서 곤경에 빠진 백이 일거에 해결된다.

다만, 곧 결행될 수 없고, 혹으로서도 곧 이곳을 보강할 여유가
없을 뿐이다.

둘째, 흑73, 75로 되어 적을 분리 공격하는 체제가 본격적으로
갖추어졌다는 점이다.

좌상의 백은 안심이라 해도, 중앙 상변의 일단과 우상의 일단에
눈이 없다.

따라서 이것을 어떻게 극복하느냐가 이 바둑의 난문제이다.

셋째, 흑81 들여다봄에 백나로 잇는 것은 틀린 맥이라는 것이다.
왜냐하면 이곳은 백다, 흑라가 활용되기 때문이다.

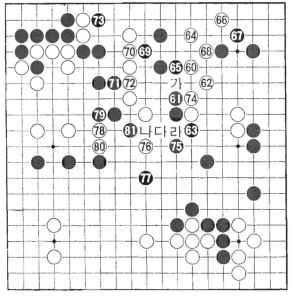

제
3
보

제 4 보 (82-100)

"백이 95에 패를 하고 싶은 욕심이므로 혹은 그 뜻을 알아차리고 백이 94로 끊었을 때 95로 이어 버린 것이다."

상대의 돌을 잡으려고 할 때에 아주 주의하지 않으면 안 될 일은 그 수순이다.

앞에서라면 선수활용할 수 있는 수가 뒤에서도 반드시 활용된다고는 할 수 없다.

여기까지 이르자 기성 秀策은 조그마한 착오도 없이 만반의 준비를 갖추게 되었다.

여기서의 91과 92의 교환, 혹95의 보강, 그리고 하변을 백98로 들여다 봄에 대해 그것을 잇기 전에 우상의 99와 100을 교환한 것 등 물샐틈없는 공격 요령이라 하겠다.

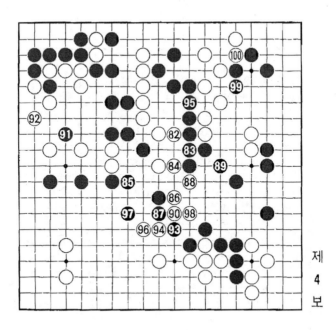

제
4
보

제 5 보 (1-23 · 흑 압승)

흑23까지로 KO승을 거두었다.

이렇게 되면 백은 좌우 어느 쪽인가를 희생하지 않으면 안 된다. 그리고 어느 쪽이 죽는다고 해도 커다란 차이가 생긴다는 것은 당연한 귀결이다.

후편에 단번에 승리할 수 있는 테크닉에 관해서 설명할 때에 기대는 전술과 함께 분리 공격의 전술을 유력한 수단으로 클로즈업시키고 있지만 이 대국에서는 秀策이 훌륭하게 보여주고 있다.

이 秀策이 콜레라로 34세의 젊은 나이에 이 세상을 하직했다는 것은 참으로 애석하기 짝이 없는 일이다.

만약 그가 현대에 생존하여 5호반이라는 공제를 해야 하는 선번이었다면 대체 어떠한 포석을 전개했을 것인가?

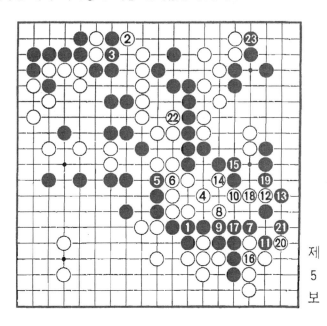

제 5 보

단번에 적을 몰아 잡아 대국을 승리로 이끄는 대국에 대해 이제 옛 선인들의 것은 이 정도로 그치고 근세의 것들을 열람해 보도록 하자.

근세에 들어와서는 木谷實, 吳淸源 이 두 거장이 바둑의 역사에 신기원을 이룩하였다.

특히 이 두 사람이 승패를 겨루었던 대국은 근세 바둑계의 찬란한 금자탑이라고도 할 수 있겠다.

吳淸源 씨가 일본에 건너간 것은 1929년, 당시 13세였다.

그 이후 이분처럼 여러 가지 새로운 수를 발견하여 바둑계에 공헌한 기사도 없을 것이다.

착상은 타의 추종을 불허하며 그 예리함은 천하 일품으로서, 현대의 모든 기사는 이 吳淸源을 목표로 공부했다고 해도 과언이 아닐 듯 싶다.

木谷은 괴동(怪童)이라 불리우던 소년시절부터 새로운 포석을 일으켜, 지금까지 다섯 번이나 기풍(棋風)이 변화할 만큼 다양성을 보여주는 것으로 흥미있다.

참으로 뛰어난 기술과 안정된 저력을 보여주고 있다.

우선 처음에 근거지를 확보해 놓고 그 다음에 상대의 진지 속에 뛰어드는 형태의 독특한 木谷流는 함정에 빠졌을 때 더욱더 그 강렬성을 발휘한다.

그뿐만 아니라 木谷이 바둑계에 끼친 또 하나의 위대한 공헌은 그의 문하에서 수많은 준제들이 속속들이 배출되어 나왔다는 것이다.

그리고 이 두 사람은 이미 60국 정도의 대국을 가진 바 있는데, 기사의 수가 많은 현대에서 말하자면 이만큼의 기록은 드문 것이다.

이 바둑은 10번기의 제6국인데 제한시간은 각 13시간으로 3일이나 걸린 대국이었다.

7. 木谷・吳局 (吳先番)

제 1 보 (1-14)

본보의 문제점은 우상에 뛰어들고 나서의 백의 사활에 관계된 것이므로, 그 이전의 수순은 전부 생략했다.

요약하면, 이 일국은 흑이 순조롭게 나가고 있기 때문에 백이 우상귀에서 2, 4로 수단을 강구하는 데서 승부가 결정될 계기로 되고 있다는 것이다.

백14로 젖혀 흑은 커다란 갈림길에 직면하였다.

다시 말하면 이 백을 귀에 살려 둘 것인가 또는 전부 잡아 버릴 것인가라는 갈림길이다.

여러분은 실전에서 이러한 위치에 직면했을 때 어느 쪽의 수단을 선택할 것인가?

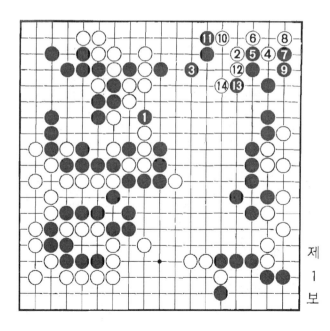

제 1 보

제 2 보(예상도)

실제로 吳9단은 이 그림과 같이 두지 않고 다음의 제 3 보와 같이 백을 전멸시키는 강렬한 공격으로 나왔던 것이다.

그러나 吳9단의 국후담은

"잡으려 든다는 것은 위험을 수반하는 것이다. 그렇게까지 하지 않고서도 이 그림처럼 흑1, 3으로 귀에 백을 살리면 그것으로 이하 백가, 흑나, 백다, 흑라로 되어 충분한 기세였다."

라고 반성하고 있다.

상대를 잡기 위해서는 정확한 수읽기가 필요하다.

吳9단 정도의 대기사가 장고한 끝에 수읽기를 끝내고서 결단을 내린 것이긴 하지만, 그레도 일보 후퇴하면 역전될 염려가 있는 것이므로 돌을 잡으려고 할 때에도 신중에 신중을 기하는 것이 중요하다.

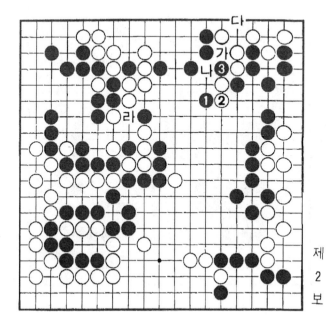

제
2
보

제 3 보 (1)

吳 9 단은 그림과 같이 백의 눈을 없애려고 했다.

이 다음 백은 실전에서는 38수의 응수가 있었는데, 여러분도 이 다음의 변화를 연구하고 나서 다음 페이지의 결과와 비교해 보기 바란다.

대체로 吳 9 단의 기풍은 재빠르게 끌어올리는 데에 정평이 나 있다. 그는 이것으로 이길 수 있다고 판단이 되면 그이상 자잘한 충돌은 피하고 차츰차츰 정리하면서 끝내기로 들어가는 상용 수단을 즐겨 쓴다.

따라서 앞 페이지처럼 무난한 대국을 할 수 있었음에도 불구하고 이처럼 강렬하게 잡는 바둑으로 줄달음질 친 것은 대국의 분위기에서 온 듯하다.

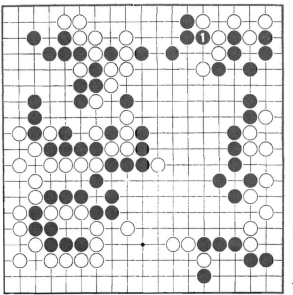

제 3 보

제 4 보 (1-20)

백 1 · 흑 2 는 필연.

이어서 둔 백 3 에는 흑 4 가 필살의 수단이다.

백 5 에는 흑 6 으로 모양을 갖추어서 백으로부터의 들여다봄을 방지하고 있다.

바둑에는 패라고 하는 비상 수단이 있다.

따라서 그렇게 쉽게 죽지는 않는다.

"적의 단곤마는 잡기 어렵다" 라는 격언이 있듯이 적의 대마를 잡는다는 것은 참으로 힘든 일이다.

왜냐하면 그것에 승패가 정해지기 때문이다.

그러나 본보의 백은 흑20까지로 중앙에서는 눈이 생기지 않았다. 남은 것은 상변에서의 패로 되는 모양뿐인데 …….

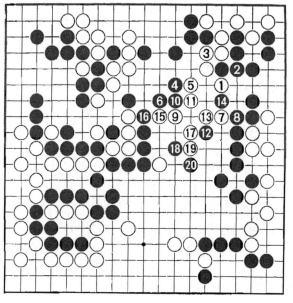

제
4
보

제5보 (1-18·흑 압승)

백1로 들여다보아 흑2를 강요한 다음 3, 5로 패를 불리면서 절단을 엿본 것이다.

그러나 흑18까지로 정확한 응수를 당하여 결국 백은 전멸하고 말았다.

이 10번기에서 기록계(처녀로서 초단이었다고 함)가 격렬한 착수에 놀란 나머지 붉은 잉크 방울을 기록용지 위에 떨어뜨렸는데 그것이 바로 제3보의 '죽임의 수'를 표시한 것이라고 전해지고 있다. 그러나 자세한 진상을 캐내어 본 결과, 그것은 이 대국에서가 아니라 제7국에서 木谷이 흑으로 강렬한 3단젖힘을 했을 때 깜짝 놀란 이 초단의 기록양이 책상 위의 병을 엎질렀다는 것이다.

그러나 이 바둑에서 백을 잡으려고 작정한 흑의 격렬한 한 수는 잉크병을 엎지르게 했다고 해서 이상할 것이 전혀 없을 정도이다.

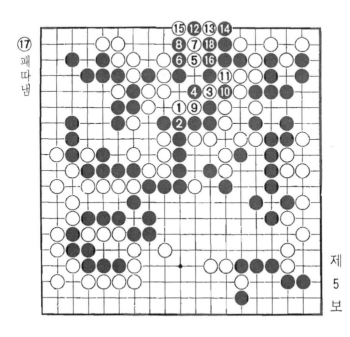

제 5 보

8. 坂田·木谷局 (坂田先番)

제 1 보 (1-13)

필자와 木谷의 대국을 검토해 주기 바란다.

이 보도의 초점은 중앙 우변에 있는 백 일단의 사활에 걸려있다는 것이다. 따라서 그 앞의 수순은 생략했다.

먼저 필자는 하변에 1 이하 11까지를 두었는데 이것이 이길 수 있는 사전 공작이라는 것이다.

현현기경(玄玄碁經)에,

"동을 실지로 빼앗으려면 서를 공격하라."

는 말이 있듯이 소위 기대는 전술로써 적의 탈출로를 사전에 방비하는 것이 총공격을 개시하기 전에 필요한 수단이다.

13으로 공격 개시.

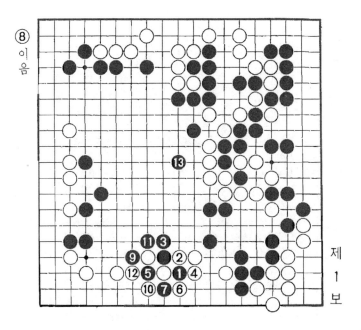

제 2 보 (14-31)

백14에 대해 흑15는 급소이다.

이것에 대하여 백이 **가**로 두지는 않을 것이다.

그렇게 하면 흑26으로 한 번 밀고 나서 다음에 30의 끼우는 수를 보게 되는데, 여기를 절단당하고서는 견딜 수 없기 때문이다.

백은 먼저 오른쪽을 16 이하 20으로 끊어 놓았지만 흑은 이것에 대해서 23까지 잇는다.

초조한 나머지 23으로 **가** 따위에 중앙을 봉쇄하면 백24, 흑25, 백나, 흑23, 백다, 흑라, 백마, 흑바, 백사, 흑아, 백자로 흑 두 점이 잡히고 말아 백은 간단히 살아 버린다.

드디어 중앙의 문제로 되었는데, 백28은 흑으로부터 30의 끼우는 수를 방비한 것으로서 생략해서는 안 될 수이다.

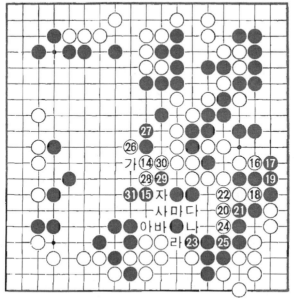

제 3 보 (32 – 33)

백32로 도망쳤다.

이 32로 상식적인 견지에서 호구벌림을 택하면 그림 9 처럼 흑은 2 이하의 공격을 가하게 된다.

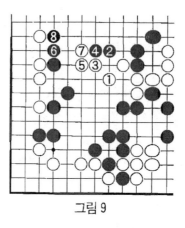

이렇게 되면 백이 좌변과 완전히 분리당하고 말기 때문에, 백은 흑진을 조금이라도 교란시키기 위해 이 32를 채택한 것이다.

그림 9

이에 대해서 흑33이 공격의 급소에 해당한다.

다음 백가를 강요해서 흑나라는 수순을 노리자는 방침이다.

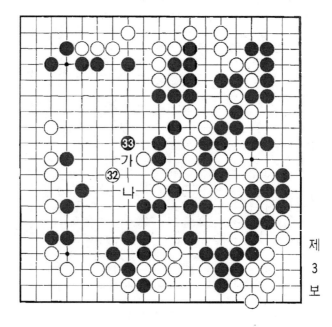

제 4 보 (34 - 54)

백34는 부득이한 수.

이 수로 44에 마늘모하면 그림10의 흑2로 붙여온다.

또 백1을 a해도 역시 흑은 2로 붙여오기 마련이다.

이래서 2눈을 도저히 만들 수 없게 된 백은 흑47 끊음을 허용하고, 그 대신 백도 54로 끊어 아래쪽의 흑 일단을 맞

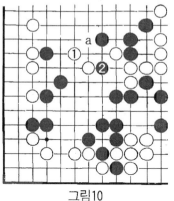

그림10

공격하려는 최후의 수단을 동원한 것이다.

흑은 어떻게 이것을 해결해야 할 것인가?

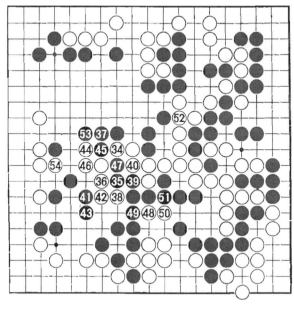

제 4 보

60

제 5 보 (55-61 · 흑 압승)

맞공격을 하게 되면 예측하지 못한 사태가 일어나게 될지도 모른다. 그래서 흑은 여기서 무조건 살게 됨으로써 이 대국은 종말을 고하게 된다.

다시 말해서 흑은 55로 백58까지를 강요하여 이하 61까지로 살아 버린 것이다.

이 다음 백은 더 둘 여지가 없기 때문에 돌을 놓을 수밖에 없는데, 만약 백가하면 흑나, 백다, 흑라해서도 간단히 살아 버린다.

결국 이 바둑은 녹아웃으로 끝이 났는데 제 1 보로 거슬러 올라가 생각해 볼 때 총공격을 개시하기 전에는, 여기까지의 여러 가지 변화를 잘 읽지 않으면 안 된다는 점을 충분히 이해했을 것이라고 생각한다.

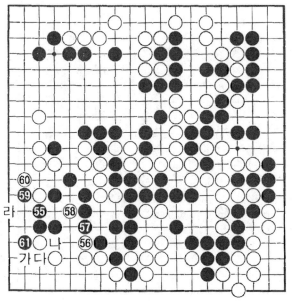

제 5 보

木谷의 강렬한 수완과 수읽기의 깊이는 놀랄 만하다.

木谷의 경우, 보통 적에게 대모양이 형성되어 곧 뛰어들어가 적세를 삭감시키지 않으면 안 될 것 같은 경우에도 유유히 다른 곳에 실리를 확보한 다음, 상대가 가일수하여 그 모양을 강화하고 나서야 비로소 그 속에 뛰어드는 식의 전법을 흔히 사용하여 능히 적세를 통쾌하게 삭감시킨 예가 적지 않다. 참으로 일류의 전법이다.

앞에서 이 선배의 대마가 잡혔던 대국을 두 가지나 게재하였는데, 이번에는 木谷이 괴동(怪童)이라 불리우던 소년시대 때의 호전적인 대국보를 한 가지 더 게재하려고 한다. 雁金과의 대국이 바로 그것이다.

당시 木谷은 초단으로 이 대국에서 두 점을 붙였던 것이다.

9. 木谷·雁金局 (木谷 2점)

제1보 (1-32)

이 대국을 할 당시 木谷은 15세의 천재 소년이었다.

괴동(怪童)이라 불리운 것만 봐도 당시 그의 명성이 얼마나 쟁쟁했었나를 짐작할 수 있다.

그는 겨우 초단의 자격을 땄을 뿐이었지만 당시 준일사(準一師)라 불리우던 雁金과의 대국에서 이와 같은 쾌승의 기록을 남겼다.

이때 기정사(棋正社)라는 단체에는 雁金을 비롯하여 명성을 떨치던 사람들이 있었다.

그런데 괴동 木谷 소년은, 비록 흑번이라고는 하지만 이들 세 선배를 보기 좋게 차례차례로 물리쳐 버렸다.

이것만 보아도 그가 얼마나 신진기예이었던가를 충분히 알 수가 있다.

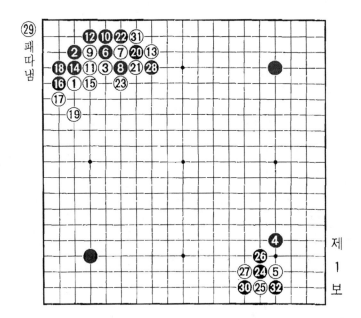

제 2 보 (33-56)

제 1 보의 뒤를 이어 본보까지에서는 비록 2점을 붙인 접바둑의 형태이긴 하지만 여기서도 木谷이 때때로 웅장한 스케일로 두고 있다는 것을 알 수 있다.

雁金의 기풍은,

"수가 지나치게 노출되는 것이 흠이다."

라고 스승인 秀策명인이 비평했다고 하는데 사실 그는 돌이 서로 치열한 공방전을 벌이고 불꽃이 튀길 정도로 맞부딪쳐 나갈 때 무쌍의 강인성을 발휘하는 것으로서 유명했다.

그가 66세 때 두었던 吳淸源 9단과의 10번기는 너무도 유명한 대국이다.

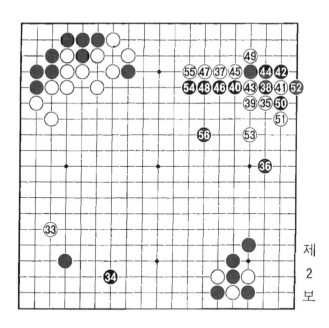

제 2 보

제 3 보 (57 - 78)

"빵따냄은 30집"이라는 격언이 있다.

여기에서 백이 오른쪽을 희생하고 75로 빵따낸 것은 대단한 것이다.

雁金은 이처럼 유효하게 돌을 버리는 전법을 많이 사용했으나, 이 바둑에서는 오히려 木谷이 선수로 돌을 버린 아이러니컬한 입장이 되었다.

돌을 잡기에만 급급하다 보면 그 대신 선수로 요처를 선착당해 적에게 대진지의 구축을 허용하는 수가 있으므로 아마추어들은 이점을 경계할 필요가 있다.

흑74로 75에 이어서는 이길 수 없다.

흑74는 중요한 요처로서 이렇게 되면 쌍방은 기호지세(騎虎之勢)로 치달을 뿐이다.

그러면 백은 다음 수를 어떻게 두는 것이 좋겠는가?

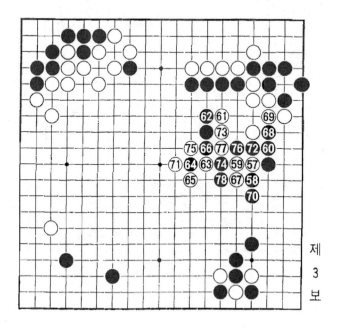

제
3
보

제 4 보 (79-84 · 흑 압승)

백79는 참으로 雁金다운 일착이다.

그것은 맞공격의 공배를 메우면서도 급소에 해당하는 것이다.

이 백79의 의도는 흑82를 유도하고 나서 백84로 젖히려는 것.

흑가에는 백나로 응하므로, 흑이 다로 붙이면 맞싸움은 흑의 승리가 된다. 하지만 중앙으로의 진출이 막히므로 재미가 없어진다.

이 백의 의도를 분쇄한 것이 흑80의 수이다.

이 때문에 백은 흑이 왼쪽으로 진출하는 것을 저지할 수 없게 되었다. 만일 흑84에 대해 백라로 응수한다면 진출을 저지시킬 수는 있겠지만 백은 후수가 되어 좌하의 호점 마를 흑에게 선착당해 완전히 절망적으로 된다. 결국 흑84로 백은 손을 들 수밖에 없다는 것이다.

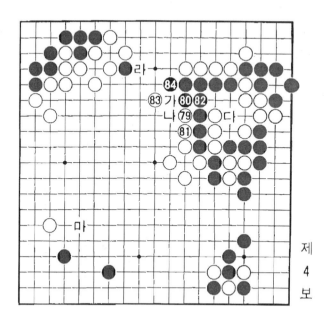

참고보(78까지를 게재함)

결론적으로 말해서 백79로는 불완전하지만 참고보처럼 그냥 1로 젖히는 수가 좋다는 것.

혹가에 대해 백나하면 2단 젖히기를 해서 좋고, 또 혹이 가하지 않고 다의 한 칸에 뛰면 백은 라에 붙이게 된다. 그럼 혹이 한 칸 더 아래인 마라면 어떨까? 백은 다로 뛰어 붙이게 된다. 어떻든간에 참고보와 같이 두는 것이 유리하다는 결론이 나온다.

그리고 백으로서는 무엇보다 필쟁점(必爭點)인 좌하쪽에 선착하여 백바, 혹사, 백아로 모양을 넓혀 나가지 않으면 안 된다.

돌을 잡는 경우, 그 잡는 쪽과 잡히는 쪽에 충분한 배려가 되어 있지 않으면 안 된다는 것을 이 실전보는 가르쳐 주는 것이다.

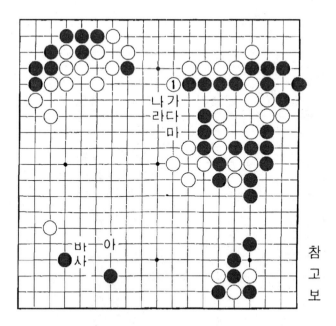

참
고
보

아마추어의 바둑에는 돌을 잡는 장면이 대단히 많이 나오는 반면 전문가의 바둑에는 그렇게 많이 나타나지 않는다.

그것은 전문가의 경우, 잡힐 것같은 돌이 있으면 그것을 일찍 버리게 되므로 치명적인 타격을 받지 않기 때문이다.

그러나 이제까지의 각 대국에서 보아온 것처럼 전문가의 경우 역시 전략적으로 대마의 사활에 승부를 걸고 두는 수가 없지는 않다.

결국 이제부터 말하려는 두 가지의 케이스도 이렇게 잡는 장면에 해당하는 것이라고 할 수 있겠다.

첫째는 비세(非勢)라고 봐서 확실히 두 눈을 확보하지 못할 대마에 손을 써서 그 대마의 사활을 걸고 진행하는 것인데, 이를 옥쇄(玉碎)라고도 한다.

둘째는 한쪽의 돌은 절대로 잡히지 않는다는 바둑의 이치를 역이용하여 먼저 착실하게 실리를 취하고 나서, 상대방의 대모양 속의 돌은 잡으려면 잡아보라는 견뎌내기에 승부를 거는 식의 전법이다.

이것은 두는 쪽도 두렵지만, 상대방도 불안전한 것인데, 그것은 만약에 자기의 대모양 속에서 적돌이 살아 버리면 자기 진이 대폭 삭감되고 말기 때문이다.

이 작전의 전형적인 것을 본편 최후의 일국으로 게재했다.

흥미 있는 것은 이 전법이 사용된 상대자가 大平 9단이라는 것이다. 우리들 전문 기사 사이에서도 돌을 잡기 두려운 것이 이 大平 9단인데 이것만으로도 이 작전은 흥미만점인 것으로 역시 大平 9단은 볼 만한 수로 대마를 수습하고 말았다.

10. 大平・X局 (X先番)

제 1 보 (1-13)

X씨는 기력(棋歷)이 충분한 간부급 기사이다. 그런데 그가 돌을 잡는 데에 정평이 나있는 大平 9 단에게 이처럼 뜻밖의 전법을 썼던 것이다.

우하를 먼저 3에서 7까지로 잔뜩 포위하여, 이 때문에 상변에서 중앙에 걸쳐 흑의 대마가 얄팍해졌음에도 불구하고 이것을 두텁게 구축하지 않은 채 좌상귀에 13의 수를 붙여 나갔다.

이 흑13으로 중앙의 대마를 보강시켜 놓으면 물론 안전하다.

그러나 그는 그렇게 되면 공제도 있고 해서 도저히 승산이 없을 거라고 생각한 모양이다.

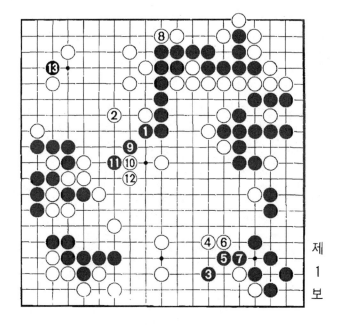

제
1
보

제 2 보 (14 - 26)

흑은 좌상귀를 갉아먹는 데에 성공했다.

흑25 다음, 백가의 양단수로 귀는 물론 백이 확보하지만 제 1 보에 비교하여 볼 때 백의 진지를 제법 삭감한 결과가 된다.

먼저 상변에 백16이 가해진 것은 대단한 것인데, 이것으로써 우상귀의 백에게 걸리는 여러 가지 약점이 해소되고 말았기 때문이다. 이제는 중앙의 흑대마를 잡는 차례.

백26으로 드디어 총공격 개시.

잡는 면에 대해서는 일본 기원의 제일이라고 자타가 공인하는 大平 9 단.

그 결과가 궁금하다.

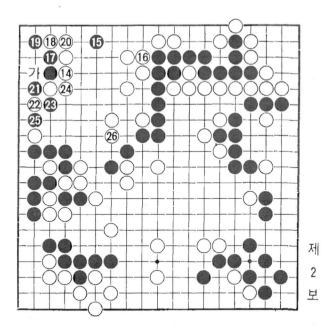

제 2 보

제 3 보 (27-53)

우변에서 우하귀에 걸쳐 흑집은 50집.

다음은 중앙의 대마에 걸린 사활 문제가 승패의 갈림길이다.

흑이 엿보는 것은 27붙임.

백도 각오하고 있는 곳이다.

27에서 38까지는 너무나도 당연한 수순. 우상에서는 39에서 42 까지를 교환해 두고 흑43으로 혈로를 구했다.

백52까지로 되어서 제1보에서 두었던 우하의 백2점, 4와 6이 여기에 이르러서 크게 가세하고 있음을 알게 되었다.

'돌을 잡으러 갈 경우에는 사방의 탈출로를 막고 나서…….'라는 교훈이 여기에서도 절실하게 실증된다.

그런데 흑53으로 중앙에서 끊은 한수는?

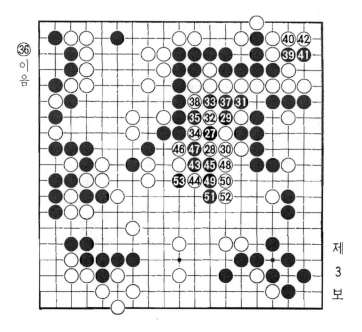

제
3
보

제 4 보 (54~73)

아마도 아마추어들이라면 이 흑대마를 잡지 못하고 놓쳐 버릴 거라고 생각하는지도 모른다.

하지만 절대로 그렇지가 않다. 따라서 흑대마를 잡을 자신이 있다는 사람은 이 기보의 마지막인 흑73의 수에 대하여 백은 어떻게 응수해야 할지 다음 페이지를 보기 전에 먼저 연구해 보기 바란다.

여기까지로 본다면 백이 확실히 유리해 보이나, 아직은 더 두고 볼 여지가 있는 것 같다.

이 73까지의 진행에 있어서도 백이 만전을 기해서 두고 있는 방법은 배워 두어야 할 점이 많다.

흑은 65, 67로 백을 좌우로 양단시킨 다음 71, 73 최후의 저항을 시도했다.

여러분이 연구한 착점과 大平 9단의 착수가 일치할 것인지 3수 정도 읽고 나서 다음 페이지로.

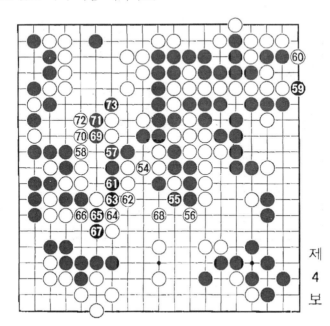

제 4 보

제5보(74-76·백 압승)

백 74, 76으로 멋지게 흑대마의 움직임을 봉쇄하고 말았다.

명실공히 같은 단위자도 두려워하는 공격적 바둑의 대가인 大平이다.

이렇게 이제까지 각양 각종의 공격적인 대국을 열국 보아왔지만, 나름대로의 돌을 잡는 데에는 그 일장 일단이 있는 법이다.

이 일장 일단을 잘 알지 못하고서 함부로 적의 돌을 잡으려고 해서는 안 된다.

따라서 다음 편에 나오는 이로운 점과 해로운 점을 잘 이해해서 여러분도 명기가(名棋家)가 다 되기를 바란다.

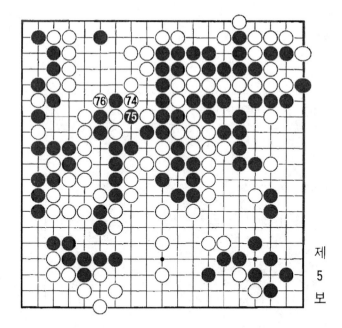

제 5 보

Ⅱ. 돌을 잡는 이로움과 해로움

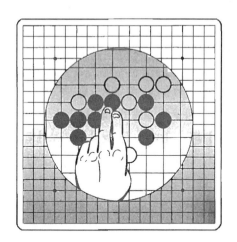

제 1 편에서 돌을 잡는 것은 장쾌한 것이라는 것을 충분히 깨달았으리라고 믿는다.

바둑의 매력 중에서 이것만큼 스릴이 있는 즐거움은 아마 없을 것이다. 그렇다면 상대의 돌을 잡는 데에는 어떠한 테크닉(수법)이 필요한가? 그 실제면은 제 4 편에서 상세하게 설명하기로 하고 그전에, '돌을 잡는' 데에서 야기되는 이로운 점과 해로운 점에 대해 특히 해로운 점에 중점을 두어 설명해 나가기로 하자.

이 해로운 점을 착실하게 예비 지식으로 삼지 않고서 무조건 죽이려 한다면 그 수는 오히려 자신의 파탄을 초래하게 될 뿐이다.

우선 첫째로 깨달아야 할 것은,

(1) 응형(凝形)을 만들지 말라

는 것이다.

'응형'이란 전문 기사들이 흔히 감상을 말할 때에 사용하는 용어로서, 움직이기 불편하게 덩어리진 모양을 말한다.

바둑에서 무엇보다도 신경을 쓰지 않으면 안 될 것은 돌의 활용이다.

같은 돌이라도 그 돌을 될 수 있는 한 유효하게 활용하려는 것이 우리들 전문 기사들의 고충인 것이다.

때로는 응형이 되어 상대가 둔 돌의 숫자보다도 자기의 것이 많음에도 불구하고 그만한 위력이 없어 세력이 반반이라는 형세가 된다든지, 오히려 불리하게 된다든지 하는 경우가 생기게 된다.

이것은 돌을 아무런 가치도 없는 쓸데없는 곳에 두었거나, 또는 세력이 중복되게 두었기 때문이다.

프로급의 전문 기사들이 마음을 쓰고 있는 것은 결국, 돌의 세력이 중복되지 않도록 하려는 것, 즉 응형이 되지 않게 하려는 것이다.

그리고 돌이 무거워지고, 그것이 적의 겨냥 목표로 되어 쉽게 살아날 수 없을 것 같으면 아낌없이 그것을 버릴 줄 알아야 한다.

어떻게 돌을 효과적으로 버릴 것이냐 하는 것은 중요한 문제이다.

포석에서 벌림으로, 협공으로, 전문 기사들이 고심하는 것은, 결국 자기의 돌을 백퍼센트 활용하면서 상대의 돌을 될 수 있는 한 응형으로 만들자는 것뿐이다. 바로 이런 점에서 포석에서 중반전에 걸쳐 '돌을 버리는 작전'이 행해지는 것이다. 공격하는 사람으로서 우선 최초로 마음에 두어야 할 것은 이 버리는 돌에 끌려들어가서는 안 된다는 점이다. 아무것이나 잡을 수 있는 돌은 잡아 버리자는 태도로, 이와 같이 버린 돌을 잡으려고 신경을 곤두세운다면 응형이 되고 마는 것이다.

구체적인 예를 들어보면,

초보자에 대한 속임수로 흔히 쓰고 있는 것이 바로 이 그림11의 흑1에 대한 백2의 응수이다.

이 흑1에 대해서 백의 응수는 나와 끊을 것인가, 아니면 받을 것인가의 두 가지인데, 만일 받을 경우 당연히 떠오르는 것은 그림12와 같은 이미지일 것이다. 이것이 상식이다.

이 상식에서 벗어난 그림11의 백2는 잡을 수 있으면 귀의 한 점을 잡아 보라고 유혹하는 수로서 그것은 속임수인 것이다.

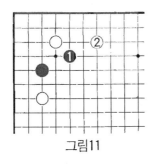

그림11

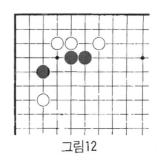

그림12

76

앞 페이지에 이어서 흑3으로 백 한점을 잡으려고 한다면 그 다음은 필연적으로 그림13에서 그림14까지 진행이 되고 말 것이다.

사실, 흑7로 a에 방비하여 다음 7과 b를 맞본다면 적의 속임수에 걸려들지 않을 것이나, 다음의 그림14를 거쳐 그림15까지 이르게 될 것이다.

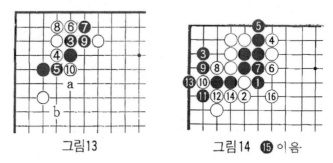

그림13   그림14 ⑮이음

흑은 그림15의 7까지로 백 5점을 잡아 내게 되었지만 그 결과는 그림16에 지나지 않는다.

그림16은 수나누기라는 수법으로 해부해본 것이다. (백 5점 외에도 그림14의 10 백 한 점이 더 잡히 그곳을 이은 것이므로, 흑은 6점을 제하고 보면 좋겠다는 것이다.)

그림16은 의심할 여지없는 흑의 응형이요, 또한 중복된 돌의 모범적인 자세이다. 그러면 이러한 중복형들 중에서도 흔히 생길 수 있는 것들에 대해 살펴보도록 하자.

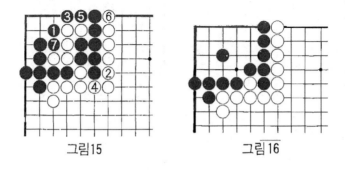

그림15   그림16

먼저 접바둑에서 흔히 생기는 중복형을 보기로 하자. 그림17. 백
1부터의 수순은 흑이 속아넘어가기 쉽게 되어 있다. 백3, 흑a,
백1이라면 흑2하지 않고 b에
두는 것이 상식이기 때문이다.
그림17과 같이 되면 그림18에
서 그림19까지는 필연적이다.

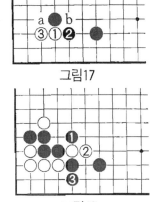

그림17

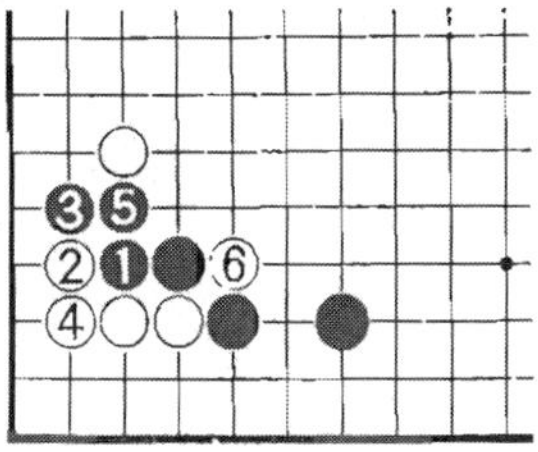

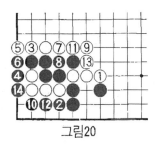

그림18

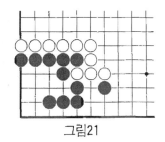

그림19

그림20의 백1에 대해서 흑은 2로 백4점을 잡는다. 그것을 기다
리고 있었던 백은 흑이 중앙으로 진출하는 길을 막기 위해 3에서
11까지를 둔다. 그 결과를 분석해 본 것이 그림21이다.

이 그림에서 흑은 대단한 응형으로 되어 있다.

백의 커다란 두터움에 비교해 흑집의 협소함은 놀라울 정도. 그
러면서도 수수(手數)가 백보다 한 수 더 많다는 것은 그야말로 지
나친 응형이라 할 것이다.

그림20   그림21

응형으로서 무엇보다도 유명한 것이 그림22이다.

이것은 접바둑을 배우는 사람이라면 누구나 한번쯤 스승으로부터 배웠을 것이다.

이처럼 훌륭하게 버린 돌을 이용한 예는 아마 없을 것이다. 버린 돌로써의 제1착은 백1이며, 이것을 그림23의 흑3으로 잡으려는 것은 위험한 일이다. 그림24처럼 백10으로 끊겨 어렵게 되고 말기 때문이다.

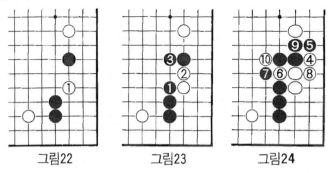

그림22　　　　　그림23　　　　　그림24

계속해서 그림25의 흑3은 악수 중의 악수.

이 수로 13에 호구를 치고 있으면 약간 나은 수라 하겠으며, 또한 3으로 9하면 그런대로 취할 만하다고 하겠다. (최후의 맞싸움에서 한 수의 차이로 승패가 결정될 때 흑3은 아무런 역할도 못해내 결국 한 수에 한 집 손해라는 수가 되기 때문이다.)

그림25의 분석이 그림26이다. 역시 흑이 백보다 한 수 더 많다.

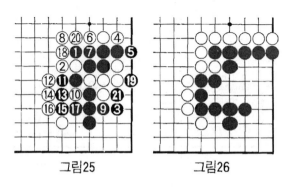

그림25　　　　　그림26

정석은 대체로 반반의 세력 비례로 되고 있는데 그 중에서는 상 대방을 잡긴 했지만, 그다지 이익이 되지 못하는 경우가 있다.

그림27이 출발하는 형태인데 흑9는 보통 a에 둔다. 그런데 다음에 축따냄이 불리하면 흑5로는 6에 두는 것이 상식이다.

흑9, 11이라면 기호지세로 그림28이 성립되는데, 흑은 어디까지 나 백의 5점을 잡아 내려고 한다.

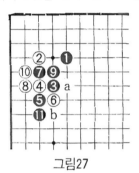

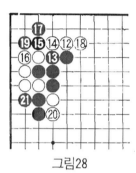

그림27   그림28

계속해서 그림29. 그림28의 흑21로 이 그림에 1하면 백13으로 씌움을 당해 오히려 흑이 한 수 부족으로 전멸당하고 만다.

이 그림에서 백5점을 잡을 수는 있겠지만, 그렇게 되면 백19까지로 어느틈엔가 두터운 벽이 형성되게 된다.

이것을 수나누기로 해부한 것이 그림30이다.

흑은 비록 실리를 얻었다고는 하지만 흑쪽이 한 수 더 쓸데없이 소비하고 있으므로 이렇게는 두지 않는 것이 좋다.

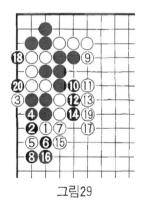

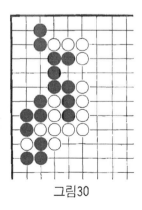

그림29   그림30

호선 바둑의 정석 중에서도 너무 욕심을 내다가 속임수에 빠져 지독한 응형이 되는 수가 있다.

그림31의 백 8까지는 흔히 두어지는 수순이다. 이것은 흑9를 강구하는 것으로서, a라면 무사하겠지만 이 9라면 백10으로 끊겨 다음이 어려워지게 된다.

계속해서 그림32의 흑 7로 백 5점을 잡아 낼 방침을 세우는 것도 좋지 않다. 백은 처음부터 이 5점을 버린 돌로 삼을 작정이었으므로 백10, 12로 회돌이를 하고 말 것이기 때문이다.

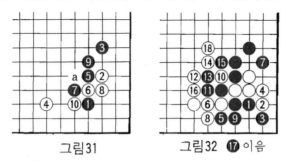

그림31   그림32 ⑰이음

그림32 다음 계속해서 그림33은 백 1이 선수이고, 다시 아래쪽 백3 젖힘도 선수가 된다.

흑은 4로 응할 수밖에 없기 때문에 백 9까지를 둔 이곳 흑진은 대단히 좁아지고 만다.

그림33을 수나누기로 해부한 것이 그림34이다.

흑이 얼마나 응형으로 되어가고 있는지 잘 알았을 것이다. 이러한 수나누기의 이론에 대해서는 나중에 다른 책에서 좀더 상세히 다루기로 하자.

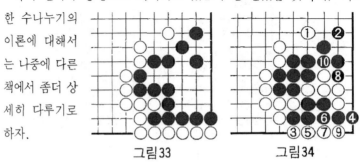

그림33   그림34

또 한 가지.

외목 정석에서 흔히 생기는 형이다.

흑 2, 4 로 꽉 이은 것은, 백 5 로 뻗어 끊으면 6 으로 건너붙여 아래의 백 3점을 잡으려는 것으로서 자기 힘을 과신한 수단이다. (패가 두렵지 않을 경우)

이렇게 하여 흑은 이하 그림 36까지의 한 수 차지로 결국 백을 잡고 말았다. 여기까지는 흑이 성공한 것 같지만…….

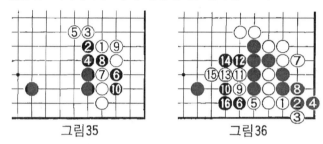

그림 35   그림 36

백은 1에서 3까지 흑을 봉쇄하고 선수로 두터운 벽을 만들어 버렸는데, 이 벽의 위력은 흑에 주어진 우하의 실리 따위와는 비교도 안 될 정도로 큰 것이다.

다시 수나누기로 해부해 보면 그림 38에서 흑집은 겨우 열 집 정도뿐이다. 그 위에 아무래도 쓸데없는 착수가 눈에 띈다.

이것은 무턱대고 돌을 잡아서는 안 된다는 것을 잘 알려 주는 것이라 하겠다.

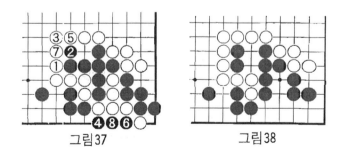

그림 37   그림 38

프로급 전문 기사들이 고심하는 것은, 어떻게 돌을 활용시키며, 또 어떻게 돌을 버릴 것인가 하는 데 있다. 결론적으로 말하자면 어떻게 해서 돌을 응형이 되지 않도록 할 것인가 하는 문제이다. 지금까지는 응형이 된 부분적인 예를 게재해 왔지만 여기에서는 전체적인 예를 하나 들어 보도록 하자.

그림39는 1955년 12월 吳淸源 씨와 村島 씨 사이에서 두어진 대국이다. 그런데 이 두 기사의 백20까지의 수순은 그들이 13년 전의 대국에서 두었던 바로 그 수순이다. 흑9는 백을 하변에 a로 기게 하여 우상을 b로 벌리려는 구상이다. 백은 이러한 흑의 의도에 반발하여 나와 끊는다. 백20은 보통 c로 벌리는 것인데, 그러면 흑 d로 나오기 때문에 이를 싫어하여 취한 착수이다.

13년 전의 대국시에는 백이 요령있게 우하를 버리는 돌로 삼아 우수한 세력을 확립했었다. 그러나 13년이 경과한 후의 이 대국에서 村島 씨는 이에 대한 새로운 대항책으로써 설욕전을 벌였다는 것이 볼 만하다.

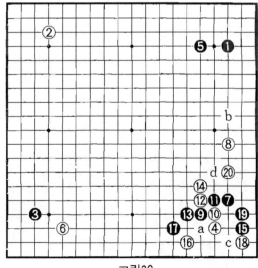

그림39

13년 전에는 그림40의 흑1에서 3, 이것에 대해 백은 4, 6으로 우하의 5점을 버려서 외세를 확장했었다. 때문에 흑은 중앙으로 진출할 수단이 없어졌던 것이다.

예를 들어 이 버린 돌 백5점이 그림41과 같이 되었다면 수 나누기에서는 그림42와 같이 되어 백이 전체적으로 적당한 간격을 취하게 되기 때문에 대단히 성공적이라 할 수 있을 것이다.

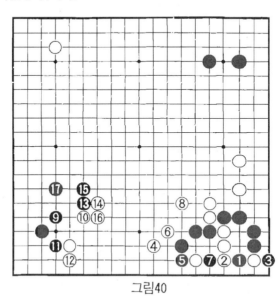

그림40

이러한 전제 밑에서 村島 씨가 20수까지 같은 진행을 전개시켰다는 것은 이에 대항할 수단을 갖추고 있었기 때문일 것이다.

과연 그 대항책이란 어떤 것일까?

다음 페이지를 열기 전에 여러분도 한 번 생각해 보기 바란다.

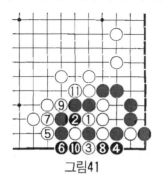

그림41

그림42

村島가 준비한 강구책은 그림43의 흑 1 이다.

즉 백a, 흑b, 백c로 교환하고 나면 백은 d나 e 어느 쪽을 택해도 흑을 봉쇄하지 못하게 되는 것이다.

결국 백 1 로 응하여 뜻밖의 변화가 일어난 것이다. 흑은 오히려 자기의 돌 4점을 버리고 흑16까지 된 것인데 이것은 우상의 구축과 호응하여 만족할 만한 결과이다. 백15를 생략하면, 흑a로 귀에 빅이 되는 수가 남는다.

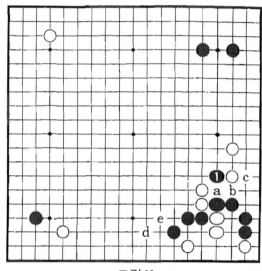

그림43

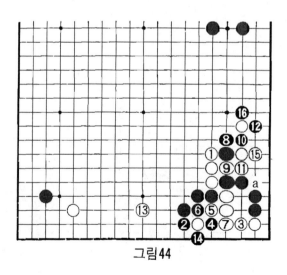

그림44

공격 작전상 두 번째로 알아두어야 할 일은,

(2) 보람없는 기쁨에 잠기지 말라

이다.

공격적 바둑의 이상형은 복싱에서의 녹아웃과 같은 것이므로 필살의 강렬한 펀치로 상대를 쓰러뜨렸으면 거기에서 '카운트 텐'을 얻어 승리의 팔을 높이 쳐들게 되어야 한다.

그런데 카운트가 시작되고서 상대가 곧 일어설 경우에는 단순한 다운이므로 게임은 당연히 계속되기 마련이고, 복싱에서는 이렇게 한두 번 다운을 시켰다고 해도 뒤에는 지지부진한 게임을 벌이다가 오히려 역습을 받고 패배하는 예가 적지 않다.

바둑도 원래가 마라톤과 같은 양상을 많이 띠고 있기 때문에 가벼운 정도의 다운으로는 치명상이 되지 못한다. 그래서 상대의 일단을 훌륭하게 잡아내었다 할지라도 그 뒤에 역전되고 마는 케이스가 너무나 많다.

왜냐하면 "상대의 돌을 잡자."라는 의식이 너무 지나쳐 실제로는 적의 돌을 잡은 것만큼 우세한 세력을 갖지 못하는 경우가 있기 때문이다.

구체적으로 말하면 비록 돌의 수는 많지만, 맞싸움의 형태로 되고 있어 공배를 메우고서 따내지 않으면 안 될 경우는 의외에도 실리가 적다고 할 것이다.

또 한 수의 차이로 맞공격이 되고 있다든가 할 경우, 그것은 오히려 유효한 팻감으로 이용된다는 것이다.

그러므로 아마추어인 초보자들이 두는 바둑에서는 상대방의 돌을 잡긴 했지만, 그 뒤에 역전되고 만다는 결과가 빈번히 일어나는 것이다.

井上 씨와 虎吉 씨의 에피소드는 이러한 좋은 예가 될 것이다.

井上은 온후한 사람이었지만, 돌 잡아내기를 좋아했다. 그래서 井上은 초반에서 상대의 돌을 잡게 되면 그만 크게 만족하여서 점점 둔해져 나중에는 완착을 연발하여 결국엔 패배를 자처하곤 했다.

때문에 당시에는,

"처음에는 여덟, 아홉 집쯤 먹히는 것이 좋다."

라는 말이 유행할 정도였다.

이에 비해 虎吉 씨는 강한 적에게는 강하고, 약한 적에게는 약한, 즉 묘하게도 진폭이 넓은 기력(棋力)을 갖고 있어, 돌이 잡히게 되면 돌연 광장한 힘을 발휘하는 것으로 유명했다.

어느 날 그는 그의 수많은 기우들 중 한 사람과 대국하게 되었는데, 그만 잘못 보아 대마를 잡히고 말았다.

그러자 그는 '그렇다면 나도……' 하고는 적의 대모양 속에 뛰어들어 드디어 난전을 벌였는데 어느틈엔가 그의 죽었던 대마가 다시 살아나고 오히려 상대방의 대마가 잡히고 말았다는 것이다.

그러자 괴로운 마음으로 반면을 응시하고 있던 상대자는 자세를 고쳐 앉으며 거친 목소리로,

"자네는 어째서 이 대마가 잡혔을 때 돌을 던지지 않았는가?"

하고 화를 내었다는 이야기가 있다.

이 두 사람의 에피소드에서도 역시 공격자로서 염두에 두지 않으면 안 될 것은 초반에서 전과를 올렸다 하더라도, 공연히 기뻐하거나 해서는 안 된다는 것이다.

돌을 잡았으면 잡은 것만큼 반드시 그만한 부담은 뒤에 남는 것이다. (다른 곳에 큰 패가 시작되었을 경우가 그 좋은 예이다.)

그러므로 공연히 기뻐하지 말 것. 그리고 될 수 있는 한 돌을 잡는 것은 잡았을 때에 일국의 승패가 결정될 만한 타이밍을 선택해야 할 것이다.

우리들 전문 기사의 실전에서도 초반에서 큰 전과를 올리다가 어느틈엔가 역전되고 만 기보가 있다.

적을 완전히 봉쇄하여 이젠 이것으로써 충분하다라는 기분이 완착을 유발시키게 되는데, 사실상 상당히 우세했던 국면도 다시 분

열되고 마는 경우가 허다하다.

따라서 잡는 타이밍과 그 전과를 과대 평가하지 않는다는 것, 이 것이 중요하다.

셋째로 주의해야 할 점은,

(3) 적의 속임수에 빠지지 말라

는 것. 무엇보다도 두려운 것은 적의 수에 빠져드는 것이다.

공격자가 언제나 경계해야 할 것이 바로 이 빠져드는 수인 것이다.

빠져든다는 것은 바둑 술어로 말하면 공격해서 손해를 보는 형을 말한다.

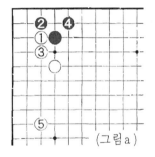

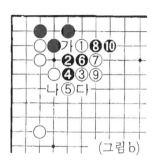

(그림 a)　　　　(그림 b)

"강력하게 공격당하는 것이 아니라, 부드럽게 휘감는 적의 수단에 빠져드는 경우가 바로 이런 것이다. 예를 들면, 그림a의 고목안에 붙인 정석에서 그림b의 백3은 무리이다. 속임수의 일종으로 8로 9에 끊으면 가에 백이 껴붙이는 수가 있다. 그러나 냉정하게 흑8로 끊으면 흑10까지는 필연. 백은 일견 경기 좋게 보이지만 사실상 나, 다에 단점이 남아 있어 좋지 않은 형일 뿐만 아니라, 백이 한 수 더 많기 때문에 충분한 역할을 하지 못하고 있는 것이다. 이러한 경우를 적에게 빠져들었다라고 한다."

우리들 전문 기사는 공격할 경우엔 언제나 이러한 형이 되지 않도록 스스로 경계하고 있을 뿐만 아니라, 뒤에 이것을 역이용하여 고등 전술로 상대를 이끌어들이는 작전을 취하고 있다.

　이런 이유에서도 공격자로서는 절대로 이러한 형이 되지 않도록 신중히 수를 읽고 나서 공격하지 않으면 안 된다. 웅형이 되지 않도록, 공연히 기뻐하고 자만하지 말도록 경계를 해야만 하지만, 오히려 대마를 죽이는 결과가 되고 말기 때문에 무엇보다도 주의해야 하는 것이다.

　실례로 필자가 宮下 씨와의 대국에서 의기 충천, 적의 돌을 잡으려고 하다가 통렬한 귀수(鬼手)를 당하여 손상을 입었던 일국을 다음에 소개하자.

　맞싸움의 경우, 무엇보다도 두려운 것은 상대방의 뜻밖의 묘수로 인해 위기에 봉착하게 되는 것이다.

11. 坂田·宮下局 (宮下先番)

제1보 (1-3)

宮下 씨의 별명은 사나운 소인데, 이 사나운 소가 무시무시한 힘을 내었던 일국이다.

문제는 좌상귀이다.

필자는 백1, 상대는 흑2, 그리고 백3으로 흑 9점을 잡으려고 했다. 이것을 잡아 버리면 이것으로 이 일국은 끝장이다.

이 대국은 나의 저서 《坂田바둑》《鬼手妙手》 등에도 게재했던 것인데, 여기서는 잡으려다가 손해를 본 결과를 클로즈업해서 보기로 하자.

여기에서 여러분이라면 과연 어떻게 이 흑을 살려 낼 것인가?

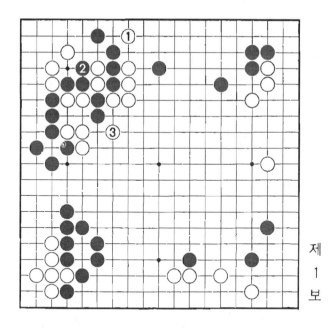

제 1 보

90

제 2 보 (흑의 鬼手 1)

흑 1 이 정말 뜻밖의 귀수(鬼手)이다.

이런 수가 있었다는 것을 알았더라면 필자는 당연히 그림45의 백 1로 그곳에 두었을 것이다.

그렇게 하면 백13까지로 되어 귀는 흑a에서 k까지 부호 순으로 패가 되기 마련이다.

따라서 이것으로 충분히 싸울 수도 있었을 것이다.

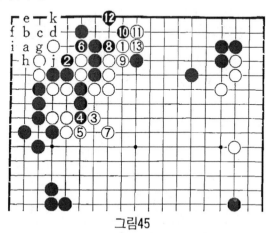

그림45

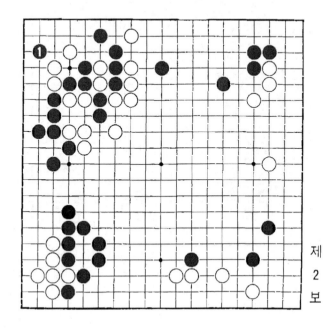

제 2 보

가정 제 1 도(1-11)

흑 1 의 노림은 세 가지이다.

첫째, 귀의 백과의 맞싸움.

둘째, 오른쪽과의 연결.

셋째, 아래쪽 백과의 맞싸움이다.

우선 아래쪽 백과 맞싸우면 어떻게 될까?

이것을 가상해 본 것이 이 그림이다. 백은 귀를 지키면서 흑의 공배를 메우는 수단, 다시 말해서 2에서 6까지로 공격한다.

당연히 흑 7, 9 로 나와 끊었는데, 이것은 흑11로 된 다음 백가, 흑나로 패가 되는 것이 약간 귀찮긴 하지만, 결국 백을 파멸로 이끌고 만다.

그러면 흑을 아래쪽에 나오지 못하게 하려고 백 2 로 다 에 두면 어떻게 될까?(흑 7, 9 때 백10을 선수하고 11로 변화한다.) 그것에는 흑 6 으로 내리는 묘수가 있다. 가정 제 2 도가 바로 그것이다.

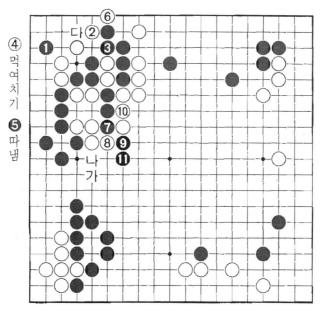

가정제 1 도

가정 제 2 도 (1-19)

흑 1 의 내려섬이 세 곳을 노리는 묘 수이다.

백이 흑의 오른쪽으로 탈출하는 것을 막아 그림46의 백 1로 두는 것에 대하여 흑 2 이하에서는 a의 건너감과 b의 삶을 맞봄으로써 백 7점을 오히려 잡아 버리고 만다.

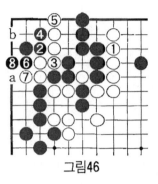

그림46

이를 싫어해서 백이 공배를 메우면서 귀를 지킨 것이 가정 제 2 도인데, 흑 3 으로 건너간 것은 훌륭한 수단으로서 흑17까지가 되면 백은 귀에 손을 뻗칠 수 없게 되며, 흑19까지에서 백은 무엇을 했는지 알 수 없게 된다.

그렇다면 가정도의 백 2 로 단순히 18하여 귀를 해결하면……

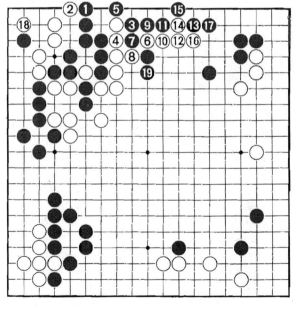

가정제 2 도

제3보(1-8·흑 압승)

그림47의 백1에 대해서
흑은 2, 4로 나와 끊고
백7의 단수에 8로 뻗고
나서 다시 10, 12로 나와
끊어 18로 이쪽의 백 6점
을 잡고 만다.

만일 백7로 단순히 9
한다고 하면 흑8로 인해
아래쪽은 곤란을 겪는다.

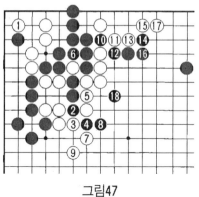

그림47

결국 제3보의 백1로 마늘모할 수밖에 없으나 흑2는 다시 훌륭
한 수로서 흑4, 6으로 뚫고 나와서 백의 공격 작전은 그대로 실패
하고 만다.

공격해서 손해를 본 일국이다.

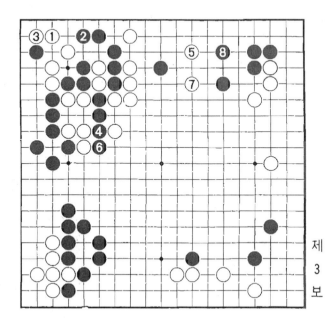

제
3
보

돌을 잡는 한 가지 이익과 한 가지 해로움 중에서 무엇보다 주의하지 않으면 안 될 것은 이처럼 제풀에 넘어가는 것이다.

무엇보다도 이러한 형에서는 커다란 마이너스의 수가 생겨 한꺼번에 기세가 기울어지기 때문이다.

간단한 예시도를 게시해 보면 그림48과 같은 흑돌이 있다고 가정할 때, 이 돌을 잡으려 할 것이냐 아니냐는 중앙에 진출한 돌이 중앙에서 눈을 하나 만들 수 있느냐 없느냐 하는 데에 달려 있다.

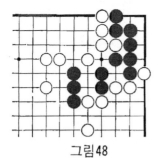
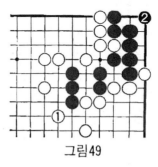

그림48   그림49

그림49, 백1로 봉쇄한다고 하면 확실해진다. 흑2로 사는 것이 절대적이기 때문이다. 그러나 그림50의 백1로 상대의 눈을 약탈하여 공격하는 공격 전법은 필연적으로 흑2를 중앙으로 진출하도록 하기 마련이므로 만약 공격에 실패하여 흑이 중앙에서 눈 하나를 만들게 되면 이 백1은 한 수에 한 집 손해라는 것이 되고 만다.

이것은 대단히 두려워해야 할 것으로서 전문가가 함부로 공격 작전을 쓰지 않는 것도 이처럼 적에게 빠져 드는 것을 경계하기 때문이다.

물론 틀림없이 잡을 수 있는 것이라면 아무런 염려도 할 필요가 없을 것이다.

맨 처음부터 착착 잡을 수 있으리라고 기대해서는 안 된다.

요는 수 읽기의 능력과 그 확실성

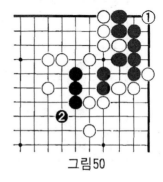

그림50

에 있는 것이다. 그렇다고 자기 독선적으로 승부수를 읽는 것은 큰 오산이다.

—— 이상, 무턱대고 잡으려는 공격 전법은 위험하다는 것과, 돌을 잡는 데에 있어서 경계해야 할 점 세 가지를 말했다.

그러나 그 이면에는 공격 전법의 이로운 점도 염두에 두지 않으면 안 된다.

특히 잡아 버려서 그 일국의 승패가 결정될 경우라면, 전력을 다해 공격 전법을 연구해야 한다.

소위 마카로니·웨스턴이라는 이태리식 서부 영화에서는 대개 주인공이 일단 적진 속에 뛰어들어 체포된 후, 지독한 고문을 당하는 것이 정석으로 되어 있다.

그렇기 때문에 주인공은 아홉 번의 죽음 직전에서 삶을 얻어 탈출해서 결국 최후의 결투 장면까지 이끌어간다.

악인이라는 입장에서는 그때 죽여 버렸으면 좋았을 것이다. 승부의 장면은 어디까지나 비정한 것이며, 죽일 수 있는 대마는 어디까지나 그 순간에 따내지 않으면 안 된다.

여기서는 찬스를 놓치지 말라고, 아주 역설적인 결론의 예를 두 가지 게재하기로 한다.

12. 吳·橋本局 (橋本先番)

제 1 보 (1-15)

십번기의 제 2 국이다.

제 1 국은 橋本이 백번으로 다섯 집 승이었으며, 계속해서 이 대국에서도 혹은 호조를 보였다.

그런데 하변의 백 일단을 공격하기 시작해서, 잡아 버렸으면 좋았을 것을 살려둔 채 방치했기 때문에 결국 단 한 집으로 패한 것이다.

그로부터는 몸의 상태도 좋지 않았고 해서 4연패를 하고 말았다. 이것이 橋本에게 있어서는 그뒤 내리막으로 치닫게 된 분수령의 역사적 국면이었던 것이다.

좌상귀의 패 대신 좌하를 혹으로 끊어 귀는 백 5, 7로 살았지만, 인접한 백 6점은 들뜬 돌이 되고 말았다. 이 백 6점을 혹은 과연 어떻게 공격하면 좋을까 하는 것이 제 1 보의 초점이다.

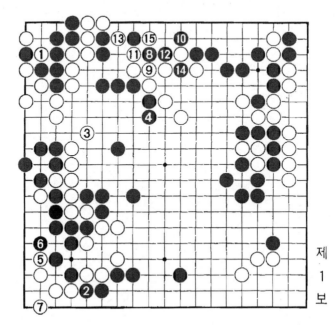

제
1
보

제2보(1)

橋本은 흑1로 마늘모했는데, 바로 이 수가 문제이다.

이 수로 인해 백 6점이 교묘하게 살 수가 있기 때문이다.

여기서 백은 어떻게 살아날 것인가? 그 결과는 과연 어떻게 될까?

다음 페이지로 넘어가기 전에 여러분도 한 번 연구해 보기 바란다.

또한 이 흑1로 마늘모하지 않는다면 흑은 어떻게 두어야 할 것인가도 생각해 보자.

바둑이란 참으로 한 수의 착오로 커다란 변화를 가져오는 것이다. 그러므로 대국 중에 착오가 생기지 않도록 전문 기사들은 주의를 기울이지 않으면 안 된다.

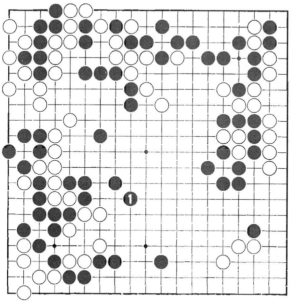

제
2
보

가정 제1도(1)

여기서는 흑1로 이 가정도처럼 날일자로 공격하는 편이 좋았을 것이라는 국후담이다.

橋本 씨의 흉중을 추측해 보면, 흑은 좌상귀를 패싸움해서 버렸지만 그 대신 좌하의 백을 절단시켰다.

이곳을 절단해 버리면 백은 어느 쪽인가 한 쪽에서만 겨우 살 수 있고, 다른 쪽은 희생할 수밖에 없는 것이다.

그러나 흑으로서는 공제가 없는 바둑일 뿐 아니라 비록 이 남은 백이 조그맣게 산다고 해도 그 대신 흑이 두터워지므로, 별로 대세에는 영향을 미치지 못하리라고 판단했던 것 같다.

또 사실 이 국면에서는 그렇다고 생각되지만 그렇다고 해도 끝내기로 승패가 나는 바둑이므로 전도는 아직도 미상의 상태이다.

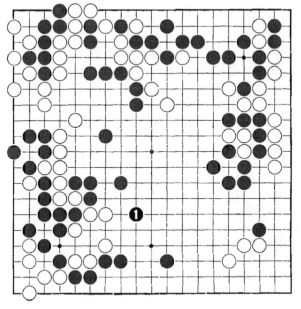

가정제1도

제3보(1-14)

吳씨는 백 1에서 13까지, 이렇게 좁은 곳에서 어쨌든 두 눈을 만들었다.

일단 이것으로써 좌하귀와 이곳, 양쪽에서 살았으므로 승패는 이제부터라는 국면에 처하게 되었다.

혹은 14로 두어 두텁게 진을 확보하려는 방침으로 나온 것인데, 이 다음 끝내기에서 본의 아닌 착수를 몇 번하여 결국 한 집 패라는 결과를 가져왔다.

이전의 기사들은 시간에 구애받음 없이 끝내기를 생각할 수 있었기 때문에 秀策처럼 선번이면 반드시 이긴다고 자신했었다. 하지만 현대의 시간 제도에서는 초읽기에 쫓기기 때문에 아무래도 만전(萬全)이라는 것이 곤란하다.

이 바둑은 제한 시간 각 7시간으로 하루에 끝내도록 되어 있었던 것이다.

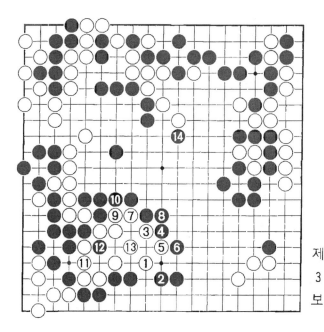

제 3 보

가정 제 2 도 (1-2)

이러한 시간 제한이라는 제약 밑에서 행해지는 것이 현대의 바둑이므로(아마추어라도 타이틀전은 전부 시간제로, 보통은 각 1시간 반 정도), 될 수 있는 한 상대의 대마를 죽이고서 압승을 거두는 것이 바람직하다.

이 바둑도 흑이 마늘모하지 않고 이처럼 날일자였다면 백 1에는 흑 2로 뻗어 백에게 삶을 허용하지 않았을 것이다.

또다시 시간 제도에 관한 이야기가 되겠지만, 하루에 대국을 끝내기 위해서는 각각 6시간 정도가 이상적이다. 그러나 현재 도전 대국은 각각 10시간 정도로 2일에 나누어서 두고 있다.

오래전에는 각각 13시간, 3일에 나누어 두는 것이 보통이었지만, 점점 짧아지는 경향을 나타내고 있어 국제 시합 같은 데서도 이젠 하루에 끝마치는 것을 이상적으로 보고 있다.

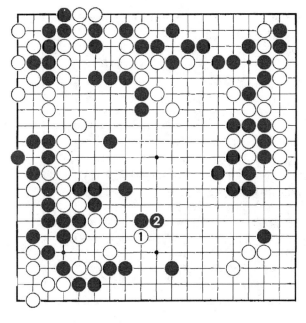

가정제 2 도

따라서 전문 기사들로서는 비록 10시간, 6시간, 또는 좀더 단축되어 3시간이라는 시간 제한이 있다고 할지라도 그 주어진 시간 내에 좋은 바둑이 두어지도록 스스로를 길들이고 연마시켜 나갈 수밖에 없는 것이다.

다만 원기가 왕성했던 젊은 시절에는 1분 1초에 쫓기면서 두어도 어느 정도 쫓아갈 수 있었던 것이 이젠 쉽게 피로가 느껴지는 연령에 이르고 보니 종국에 이를 때까지 시간 여유를 두고 두지 않으면 안 되게 되었다.

우리들 전문 기사 중에서 가장 합리적으로 시간을 사용하는 사람은 高川 9단이다.

그런데 결정타를 퍼부어야 할 순간에 완착을 하였기 때문에 일국을 실패하고 만 것이 지금 본 呉・橋本의 대국인데 다음에는 치열한 공방전에서 연이은 완착으로 일국을 실패하고 만 예를 들어 보기로 하자.

이것은 맨 마지막 결론이 되겠지만, 오직 공격적 대국의 입장에서 염두에 두어야 할 것은, 결정타를 퍼부을 순간을 놓치지 말아야 한다는 것은 물론이거니와 그러한 찬스가 왔다면 절대 적극적인 공세로써 상대방에게 숨쉴 틈을 주지 말아야 한다는 것이다.

이러기 위해서는 당연히 필살의 강렬한 일격과 정확하게 수를 읽는 힘을 아울러 갖추지 않으면 안 된다.

결국 공격형의 테크닉 제 4 편과 연결되는 것이지만, 적극적 공격의 이로움과 해로움은 역시 부단히 공부하여 기리(棋理)와 기세(棋勢)를 확실히 판단하는 힘을 양성하고 나서야 비로소 실전에 응용할 수 있는 것이다.

13. 坂田・藤澤局 (坂田先番)

제1보 (1-2)

藤澤9단의 호쾌한 기풍은 널리 알려져 있는 바이며, 그는 특히 대마를 잡으려고 들 때에는 반드시 어려운 수단을 동반하는 것으로서 유명하다.

이 일국도 상변에 뛰어든 것을 보아 똑바로 벌리고서 흑을 양단하여 오히려 좌상의 흑을 잡으려는 구상을 세운 것 같다.

대세로 보아 흑은 중앙에 흑1로 마늘모하여 대항할 수밖에 없는데 백이 2로 두어 국면은 드디어 공격적 대국의 색채가 농후해졌다.

따라서 흑으로서는 이를 극복하기에 전력을 다하지 않으면 안 되었다.

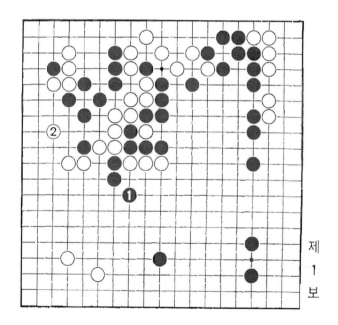

제 1 보

제 2 보 (3-21)

흑은 3, 5, 7 이외의 수는 생각할 수도 없다.

그런데 백이 8로 단수해 왔기 때문에 흑은 어쨌든 안정되었다.

흑15까지로 흑은 살게 된 것이다.

그러나 백에게는 비상수단으로써 패싸움에 뛰어드는 강행책이 있었다. 즉 백가, 흑나, 백다, 흑라, 백마, 흑바, 백사, 흑아, 백자, 흑차, 백카, 흑타로 실제 백은 뒤에 이러한 공격으로 나왔던 것이다.

어쨌든 흑15까지 되고서는 숨을 돌릴 수가 있게 되었다. 이렇게 되자 중앙의 흑이 두터워져 백에게는 불리한 바둑이 되었다.

그런데 백8은 의문스럽다. 이 수로는 어디까지나 적극적으로 흑을 공격했어야만 했기 때문이다.

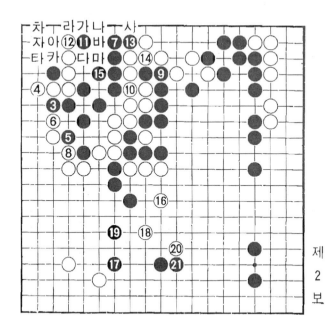

제 2 보

가정 제 1 도 (1)

앞 페이지처럼 적극적으로 승패를 가름할 기회에 완착을 했기 때문에 백은 결국 승기를 놓치고 말았다.

그러므로 백으로서는 앞 페이지 8하지 말고 이 가정도처럼 백1로 좌상에 마늘모하는 승부수를 두어야만 했었다.

이렇게 두었더라면 이 흑 일단은 도저히 살아나지 못해 흑으로서는 어떻게 해서든 백을 절단하여 중앙의 백 일단과의 맞싸움으로 돌입할 수밖에 없었을 것이다.

필자는 이를 각오하고는 있었지만, 먼저 손을 대는 것을 두려워하고 있었던 것이다.

그럼 이 다음은 어떻게 전개될 것인가? 이에 대해 생각해 보자.

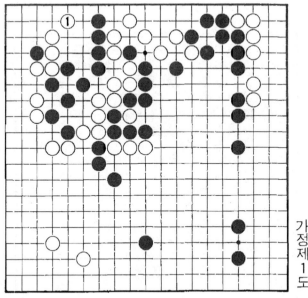

가정제 1 도

가정 제 2 도 (1 - 10)

먼저 흑 1 에서 백 6 까지는 필연적이다.

백 6 이 궁도를 넓혀서 수수(手數)를 늘이려는 것.

흑7, 백8, 흑9, 백10도 상식적이긴 하지만 이렇게 두면 맞싸움에서 흑패라는 결과가 되고 만다.

이것으로써는 흑이 패배라고 한다면 흑은 7의 수로 다른 방법을 모색해 봐야 한다.

프로급의 전문 기사들이 한 수에 몇 시간이고 소비하는 이유는 이처럼 이 수라면 어떨까, 저 수라면 어떨까 하고 처음부터 끝까지를 정확히 읽고 나서 두기 때문이다.

만약 실전에서 이러한 장면에 봉착했다면 굉장한 시간이 걸렸을 것이다.

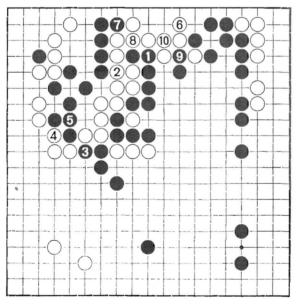

가정 제 2 도

가정 제3도(1 - 3)

앞 페이지의 가정도로서는 틀림없는 흑의 패배이므로, 흑은 이 가정도에서처럼 1에서 3까지로 끊게 된다.

이에 대해 백은 가로 이을 것인가, 아니면 나로 패싸움을 할 것인가가 문제인데, 사실상 양쪽 다 아주 어렵다.

그러나 백이 왼쪽의 흑을 무사히 살려 준다면 다시는 찬스가 없을 것이기 때문에 이 가정도에서처럼 백은 어디까지나 강력히 공격해야만 한다.

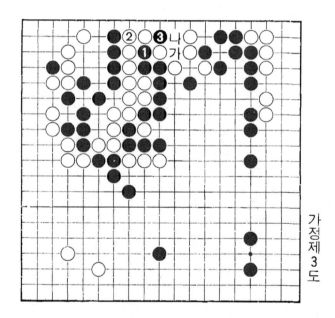

가정제3도

Ⅲ. 역사적 기보의 상세한 해설

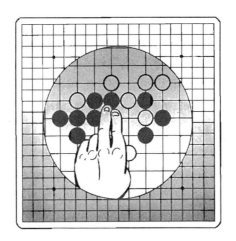

이번 항에서는 지금까지 바둑서적에서는 일찍이 없었던 형식으로서의 기보 2개를 상세히 해설해 나가기로 하자.

처음 것은 필자가 소년 시대였을 때의 대국보인데 吳淸源(당시 6단·25세)과의 처음 가진 호선 대국으로 흑번이었다. 吳 9단에게는 이보다 5년 전에 입단기념 시합으로 두 점 접바둑을 두어 두 집 승리했다.

때문에 여기에 게재한 것은 그 뒤의 것에 종반 전에서 커다란 대마의 맞싸움에 돌입하여 커다란 패싸움에까지 번졌었다.

이 공격적인 클라이막스에서 필자가 한 수 한 집 손해라는 대완착을 했기 때문에 결국 필자가 한 집 차이로 패배한 잊을 수 없는 대국이다.

포석에서부터 여간 흥미있는 바둑이 아니므로 이것을 상세하게 해설하기로 하는데 여러분 자신이 함께 대국하는 것 같은 감을 갖도록 진행시키고 싶은 것이다.

매 페이지마다 마지막 부분에서는 반드시 '다음은 어떻게 두어야 할 것인가?' 를 연구해 보기 바란다.

때문에 이 항목은 시간적으로 상당한 여유가 있을 때에 천천히 음미하면서 읽는 것이 좋을 것이며, 바쁜 때에는 우선 제 IV편, 제 V편을 읽어도 좋다.

한편, 두 번째로는 유명한 秀哉명인과 雁金준일사의 치열했던 대국보를 게재했는데, 이것이야말로 치열했던 대국으로서 만천하를 아연케 한 일국이었다.

이에 필자는 이 실전보에서 대마의 사활에 관해 두 거장이 싸웠던 중요한 포인트를 새로운 관점에서 해명하고 싶은 것이다.

14. 吳 · 坂田局 (坂田先番)

제 1 보 (1 ~ 10)

이 바둑이 두어졌을 때 필자는 19세로서 4단이었다.

그 당시에는 젊은 트리오로서 藤澤 5단, 高川 4단, 田中 4단이 저 널리즘에 화려하게 등장했었는데, 그 중 田中은 애석하게도 젊은 나이에 세상을 떠나고 말았다. 필자는 '한발 늦은 坂田'이라고 불리워졌는데, 그 이유는 당시 같은 4단이라도 갑조와 을조의 차이가 있었기 때문이다.

吳淸源씨는 대선배여서 도저히 대국할 기회를 얻지 못했었는데, 이 대국은 필자가 태어나서 두 번째 가져 보는 대국이었으며, 호선 바둑으로는 처음 가져 보는 대국이었다.

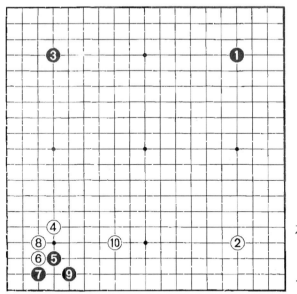

제
1
보

제 2 보 (11 - 13)

앞 페이지의 백10은 새로운 취향이다.

이 수로 평범하게 12에 벌리면, 흑에게 가로 구축하도록 허용해주는 결과가 되므로 백10은 우하의 화점을 점령하고 있는 우군과 호응하여 이 방면에의 세력 신장을 획책한 것이다.

흑이 손을 빼면 백이 바로 11의 급소에 공격하여 올 것은 필연적인 일이므로 필자는 11로 막은 것이다. 만약 이 11의 수로 나의 붙임을 선택했더라면 필자는 백다, 흑라, 거기에 백11이라는 상대방의 주문에 빠지는 결과가 되고 말았을 것이다.

따라서 필자는 여기서 일단 11의 수를 생략하고 좌변의 마에 착점할까 하고 생각했었다.

그러나 백11, 흑바, 백사, 흑아, 백자라는 진행이 된다고 하더라도 상대방의 페이스에 말려드는 것이 아닌가라는 생각이 들어 필자는 이 견실하고도 무난한 11의 마늘모를 선택하게 된 것이다.

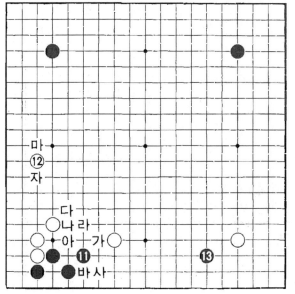

제 2 보

제 3 보 (14 - 20)

우하귀에서 필자는 이른 시기에 3三 침입을 했는데, 그 이유는 이런 경우 착점한 효과를 확실히 해두자는 의미에서이다.

앞 페이지의 흑13의 걸이는 애초에 20의 방향에서 걸이했어야 할 것이었다. 이러한 걸이는 상대가 두고자 하는 방향(다시 말해서 빈자리)에서 걸이헤야 하기 때문이다.

백20까지는 3三 뛰어들기에 대한 정형인데, 여기서 흑의 착수점은 삶의 도모를 목적으로 하지 않으면 안 된다.

여기서 백가로 뻗기만 하면 흑은 잡히고 만다. 흑나, 백다, 흑라, 백마의 수순이 되기 때문이다.

(주의—백가 하지 않고 마에 먼저 젖히면 흑나, 백가, 흑다, 백바, 흑사로 결국은 패가 되고 만다. 이 책을 읽은 여러분은 3三 침입 후의 수순을 올바르게 기억하기 바란다.)

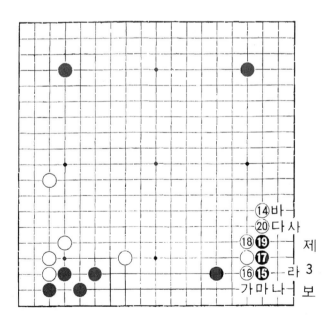

제 4 보(21 - 29)

혹21 이하로 모양을 갖추었는데, 29 의 호구벌림으로는 그림51처럼 1에 한번 더 뻗어 오르고 나서 3에 호구 벌리는 것이 더 좋았을지도 모르겠다.

하지만 그렇게 되면 a의 단점이 문 제가 된다.

또 그림51의 백 2의 수로 젖히지 말고 먼저 끊는 것은 그림52로 되어 혹은 다음에 a나, b, 어느것인가를 선 택할 변화에 이르는 것이다.

본보와의 차이를 비교하여 보기 바 란다.

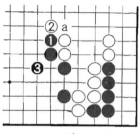

그림5ㅣ

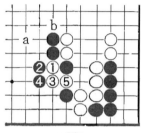

그림52

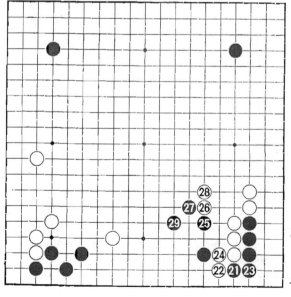

제 4 보

제5보 (30 − 34)

백34는 흑의 동태를 묻는 수이다.

이 수에 대한 흑의 응수를 묻고 나서 그 진행에 따라 백은 다음의 수를 정하려는 것이다.

여러분이라면 어떻게 응하겠는가?

첫째, 가에 이음.

둘째, 나에 이음.

셋째, 다로 민다.

이 중에서 흑나의 이음은 계속해서 백가의 끊음, 흑라, 백다, 흑마, 백바, 흑사, 백아라는 추이가 예상되어 흑 3점이 잡히고 만다. (아니면 백다로 바에 마늘모)

그런데 이 대국은 제한 시간 각 9시간으로 이틀에 나누어 두게 되었다. 그런데도 이틀째의 종국은 오전 0시에 가까웠고, 331수라는 기다란 수수(手數)를 둔 것이다.

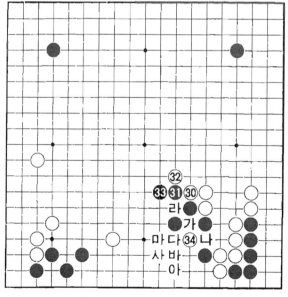

제
5
보

114

제 6 보 (35 - 38)

혹35로 밀
게 되었는데
이곳은 만일
백이 들여다
보는 수가 없
다면 그림53
과 같은 진행

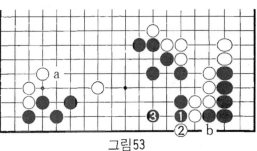

그림53

으로 a의 붙임수를 엿보자는 구도였
다.

혹b가 선수되는 것도 효과적이다.

백38에 혹가, 백나하는 것은 혹에
게 불리하다.

그림54라면 선수를 잡게 된다.

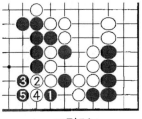

그림54

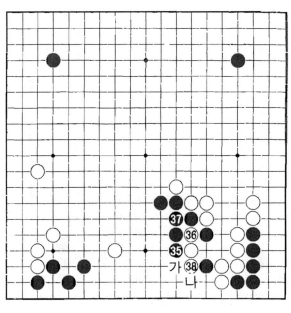

제
6
보

제 7 보 (39 - 42)

백42로 일단락 지어진다.

흑은 앞 페이지의 그림54를 기대했던 것인데……

백은 그냥 42했다. 이렇게 되면 언제인가는 흑가, 백나의 교환
이 있기 마련이다.

그런데 이 다음은 어떻게 두어야 할 것인가? 생각할 수 있는 점
이 네 가지나 있다.

첫째는 바로 흑가, 백나, 그리고 흑다이다.

둘째는 흑라, 또는 흑마로 백 한 점을 삼키려는 착수.

셋째는 흑바로 좌변 어깨를 짚고, 백사, 흑아, 백자, 흑차, 백
카, 흑타로 크게 두는 것. 이것은 약간 강렬한 맛이 있다.

넷째는 우상변. 여기에 착점한다고 하면 화점에서 눈목자 벌림,
즉 흑파를 생각할 수 있다.

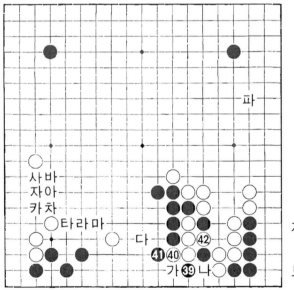

제
7
보

제 8 보 (43 - 46)

흑43은 절호의 착점이다.

따라서 이 때문에 우하의 백의 두터움은 그 위력이 반분되었다.

이에 국후담에서 吳 9 단은

"흑43을 선수로 당하기 전에, 예를 들면, 백36의 수로 우상의 백가에 걸이했어야 했다. 그리고 이에 대해서 흑이 나로 응해오면 그때서야 기보한 대로 전개했어야 했다."

라고 말했다.

화점에의 한 칸 높은 걸이는 준엄하기 때문에 대개는 한 칸에 뛰어서 받는 것이다.

좌상이 바로 그러한 것이다. 흑45로 좌하 다에 둘 수도 있겠지만 그러면 백45의 협공을 받게 되므로 흑쪽이 불리하게 된다는 것이 예로부터의 정설로 되어 있다.

필자 역시 흑45에 두고 싶은 기분이었다.

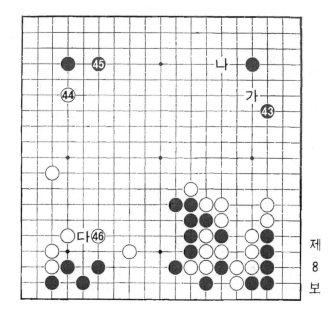

제 8 보

제 9 보 (47 - 49)

백46으로 씌워진 이상 흑47, 49는 당연.

이것을 생략하여 계속해서 백49, 흑가, 백나로 공격당하게 되면 재미가 없어진다.

여기서 우상 백50이 걸 처 왔는데 ……

이 걸이에 대한 흑의 대책은 상식적으로 두 가지 정도가 있다.

첫째는 흑다로 상변에 협공하는 수단.

이에 예상되는 진행은 백라, 흑마, 백바, 흑사, 백아, 흑자의 수순인데, 이것은 바로 우하귀에 생긴 모양과 정반대의 입장이 된다.

둘째는 이 3三 침입을 방지하여 흑마로 내려서는 수단.

그러면 백은 보통 수단으로서 백차로 두 칸 벌린다.

여러분은 어느 쪽을 선택하겠는가? 그렇다면 그 이유는?

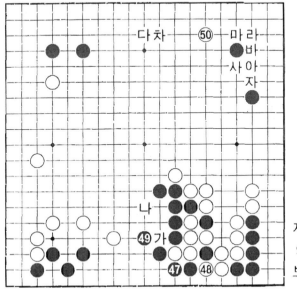

제 9 보

제10보 (51 – 55)

이 때의 관전기에는

"'틀렸군, 틀렸네, 틀렸는 걸'. 하고 坂田소년은 크게 중얼거리는 버릇이 있다. 그러나 이처럼 틀렸다고 후회를 연발하는 것은 단지 坂田 4단의 입버릇일 뿐이다. 심장과 제스처는 별개의 것이므로 독자여. / 坂田소년이 틀렸다고 중얼거리는 이 말을 꿈에서라도 곧이 듣지 말아야 한다."라고 씌어 있다.

젊었을 때는 "틀렸다!"라는 따위를 연발하면서 승리를 거두었기 때문에 '엄살꾼 坂田'이라는 닉네임까지 붙기도 했었다. 이것은 그다지 자랑스러운 별명은 못되지만 그 외에도 그에게는 칼날, 면도날 등 여러 가지 별명이 있었다. 그만큼 그는 다채로운 기풍을 가지고 있었던 것일까 ?

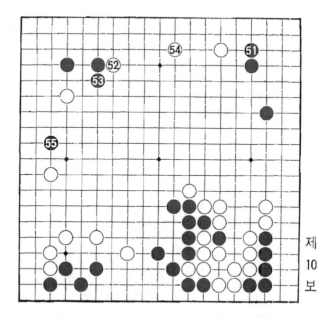

제 10 보

제11보 (56 - 60)

본보 백60으로 좌상귀에 미끌어져 들어간 수는 참으로 吳 9단다운 맛을 가장 많이 가진 수단이다. 이에 대한 상식적 응수로는 다음과 같이 세 가지가 있다.

첫째, 3三 응수. 흑가.

둘째, 치받는 흑나.

셋째, 백의 밭전자 공간을 선착하는 흑다.

흑가는 평범한 착상이나 무엇인가 활용당할것 같고,

흑나는 다음에 백으로부터 25따위를 두는 의미가 있고,

흑다라면 백마, 흑바, 백사의 진행이 예상된다. 그러나 이 세수 외에는 생각할 수도 없다. 흑마에 백다로 된다고 할지라도 뒷맛이 나쁘기 때문이다.

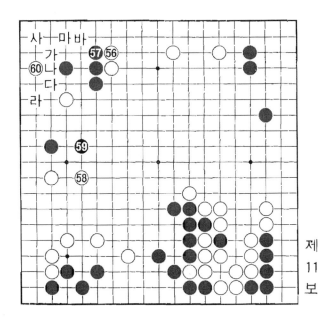

제 11 보

제12보 (61 - 66)

대국 첫날은 오후 5시 30분에 봉수할 예정이었으나, 이 백66 붙임이 어려운 변화를 일으키는 바람에 필자는 다음의 수에 한 시간 하고도 30분 이상을 장고했다. 그리고도 이러한 장면에서 봉수(封手)하는 것은 재미가 없다는 필자의 발언에 따라 국면이 일단락될 때까지 수를 교환하여 결국에는 오후 8시 30분에 백96수를 끝으로 봉수했던 것이다. 필자는 흑67로 가에 치받든가 나로 내려설 것을 생각하느라 이처럼 많은 시간이 걸린 것이다. 나의 내려섬에 대해 백이 다로 들여다보면 라에 끼우게 되는 것이다. 이에 대한 吳9단의 감상은, "백66은 지나친 생각이었다. 흑에게 준엄한 반발을 당해서 참으로 곤란했다. 역시 평범하게 백다, 흑마, 백바의 수순을 밟았어야 했다." 라는 것이다.

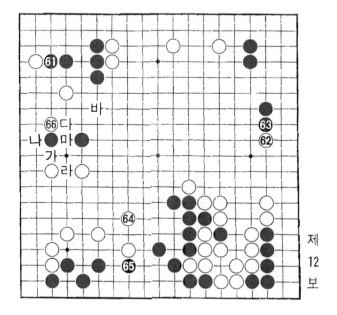

제12보

제13보 (67 - 78)

"66을 봉수로 삼았다면 좋았을 것이다."

라고 뒤에 吳 9 단은 말했다.

66을 둔 이상 쌍방 모두는 돌의 사활이 목전에 걸려 있으므로 이 장면이 일단락될 때까지는 경우에 따라서 그대로 봉수하지 않으면 안 되었던 것이나 吳 9 단의 양보로 그냥 계속되었던 것이다. 그럼에도 불구하고 백78의 수는 참으로 吳 9 단다운 훌륭한 수였다. 이에 대해 여러분은 아마도 먼저 혹가의 착수를 예상했을 것이다.

따라서 백 역시도 당연히 이것을 기대하고 있었기 때문에 의외의 수를 당하고서 당황한 것이다.

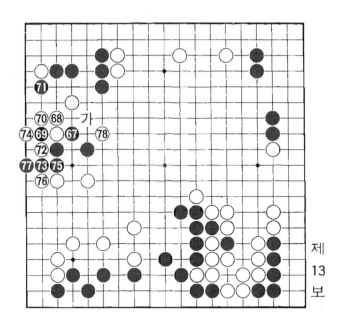

제
13
보

제14보 (79 - 90)

앞 페이지의 백78로 본보의 80에 두었다면 아마도 흑은 78하여 제대로 되었을 것이다. 그러나 한 발 앞서 백에게 이곳을 선착당 했으므로, 이것은 교묘한 수순이 되었다.

흑79로 80 한 것이 그림55인데, 흑a하면 백b로 오히려 흑이 위험하게 된다. 또한, 그림 55의 흑3으로 4한 것이 그림56인데, 이것도 역시 백4로 끊기면 a와 b의 어느 쪽인가를 두게 되므로 흑으로서는 재미가 없게 된다.

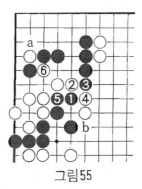

그림 55

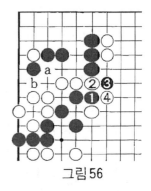

그림 56

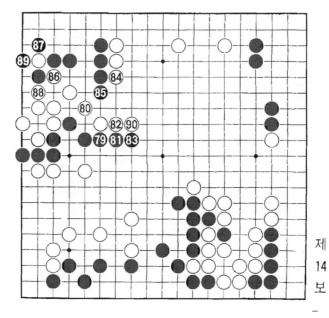

제
14
보

—

제15보 (91 - 95)

첫날은 이 국면에서 백96으로 봉수하고서 끝마쳤다. 여러분은 이 어려운 봉수를 다음 페이지를 열어 보기 전에 먼저 맞추어 보기 바란다. 이에 생각할 수 있는 것은 세 가지 정도이다.

첫째, 95의 왼쪽을 끊는 수.

둘째, 92에서 오른쪽으로 뻗는 수.

셋째, 93의 오른쪽에 단수하는 수.

이 세 가지는 모두 쌍방의 맞공격이 각 장면의 초점이 되고 있다.

현재 우변에서 흑이 백 한 점의 머리를 치받고 있는 수, 또 좌상에서 흑이 백 3점의 근거를 약탈하여 들뜨게 한 수가 바로 두고 싶은 수이나, 그럴 방법이 없는 것이다.

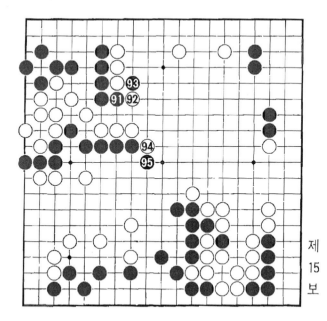

제
15
보

제16보 (96 - 100)

아마도 아마추어들에게는, 봉수하는 쪽과 봉수당하는 쪽 중 어느 편이 더 유리한가라는 의문이 있을 것이다.

이에 대해서는 봉수하는 쪽이 더 불리하다는 것이 우리들 전문기사들의 지배적인 입장이다. 다시 말해서 그 수는 잘못 착수된 것이 아닐까, 좀더 연구해 보고 싶다는 반성이 안면을 방해하기 때문이다. 필자는 신경질적인 성격이므로 봉수한 날 밤엔 워낙 잠을 이룰 수가 없는데, 그 때에도 역시 아침이 되어서야 겨우 잠이 들었다가 급히 잠을 깨어 대국장으로 향했었다. 吳 9단은 이미 도착해 있었고 우린 차를 나누고 나서 다시금 대국을 계속하였다.

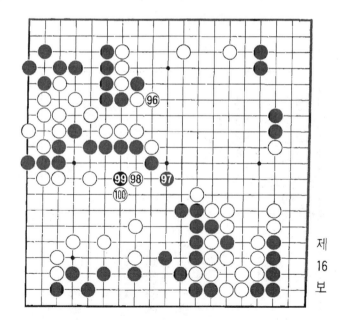

제
16
보

제17보 (1 ~ 8)

종국 후 우린 서로 후회되는 착수점을 각각 한 가지씩 발견했다.

吳 9단은 "2 젖힘은 가로 내려서는 것이 더 좋았을 것이다." 라는 것이며, 필자는 "3, 7은 보류해 두었어야 했다."라는 것이다. 앞으로의 진행을 보면 과연 그렇구나 하는 생각이 들게 될 것이다.

그런데 중반전에 이르러……. 흑9는 어디에 두어야 할까?

천천히 전국을 훑어보고 상대방의 형세를 잘 판단한 후 착수점을 결정해야 할 일이다.

첫째, 눈을 만들려면 중앙 흑나의 단수, (백은 절대로 이어야 함) 아니면 흑다로 강경하게 끊는 수.

둘째, 우변 흑라로 백의 머리를 누르는 수.

셋째, 좌상에서 흑마의 응수.

여기서 주의해야 할 점은 중앙을 백나로 선수당하면 백바도 선수가 된다는 것이다.

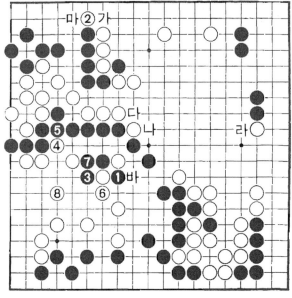

제 17 보

126

제18보 (9 - 16)

필자는 흑9로 강경하게 끊었다.

차라리 흑10, 백9를 교환한 다음 흑가로 젖히는 것이 흑의 우세가 된다라고 판단될는지도 모르지만, 필자의 기풍은 항상 최대한으로 두는 것이 특징.

옛날에는 땅을 넓게 차지하는 데만 급급하여 얄팍한 운석으로서의 위험이 뒤따르는 바둑을 많이 두었었다. 때문에 '칼날의 坂田'이라는 별명이 붙여지기도 했었다. 그러나 근래에 와서는 두터움에도 신경을 쓰고 있다.

흑15는 중요한 절단. 물론 여기서 흑이 엿보는 것은 나를 끊으려는 것이다.

참으로 숨돌릴 틈도 없는 바둑이 되고 말았다.

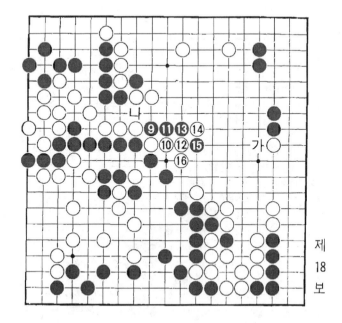

제18보

제19보 (17 - 20)

백18은 흑가의 축으로 모는 수를 방지하는 필연적인 수. 20도 나의 단점을 방지하므로 당연한 착점이다. 그렇다면 이 다음의 착점은?

얼른 눈에 띄는 것이 세 가지가 있는데 여러분은 어느 것을 선택하겠는가?

첫째, 흑다의 꼬부림.

둘째, 흑라의 뛰어붙임.

셋째, 흑마의 마늘모.

여기서 염두에 두지 않으면 안 될 것은, 백으로부터 바가 선수라는 점, 따라서 백사의 단수도 선수가 된다는 점이다.

둘째의 흑라에는 백아의 젖힘이 예상됨.

또 셋째 흑마에는 백자가 예상되므로 거기에 흑차로 날일자하면 일견 무사히 탈출할 수 있을 것이다.

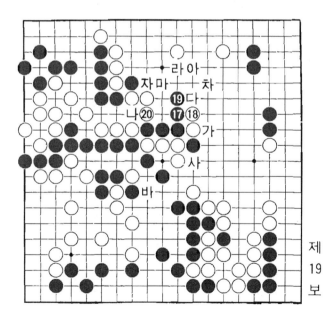

제
19
보

제20보 (21 – 23)

흑21, 23은 최강의 수 단이다. 이 23으로 오른 쪽에 가로 날일자하면 무 사하며, 또 그 앞에 21로 나에 꼬부려도 흑은 무사 하다. 적진 깊숙이 돌입 한 이 21, 23은 좋은 의미 의 '젊은 패기'를 나타내 고 있다. 또 여기서는 백 다가 선수로서 그곳에 바

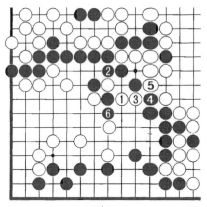

그림57

로 제17보 흑3, 7의 후회점이 있는 것이다. 그것은 그림57 처럼 흑6으로 막았어야 했다.

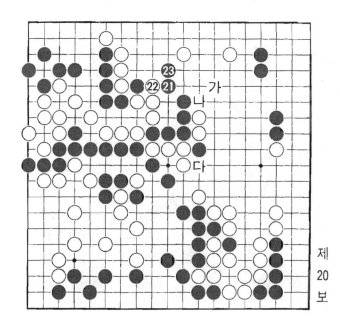

제
20
보

제21보 (24 - 29)

성급하게 흑 2수와 백 2수를 교환하고 말았는데, 백24에 흑25
는 생략할 수 없다. 그리고 백28로 크게 봉쇄당했는데, 흑29로 나
가면 누가 보아도 갈피를 잡을 수 없게 된다. 얼른 보기에는 어느
쪽이 잡히고, 또 잡는 쪽이 될 것인가를 알 수 없지만, 대국자는
서로가 자신을 갖고 있는 것이다. 그러면 여기서 백은 어떻게 둘것
인가?

가가 선수로 활용되면 좋겠지만, 현재로서는 활용될 것 같지가
않다.

백나는 그 모양으로 봐서 속된 감이 있다. 그 모양을 말하자면
백나는 백다 또는 백라에 머리를 내밀고 있다.

여기서 백으로서 경계해야 할 것은 흑마의 건너붙임인데, 그 대
책도 강구해 보기 바란다.

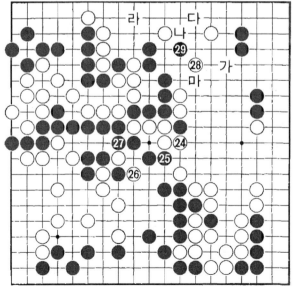

제
21
보

제22보 (30 – 34)

백30에 吳9단은 30분
을 장고했다.

혹31에 2분, 백32에 11
분, 혹33에 36분, 백34에
30분, 이렇게 하여 이 22
보의 진행에만도 2시간이
나 걸렸다. 하기야 이것은
승패의 갈림길이므로 무리
도 아닐 것이다.

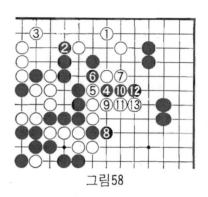

그림58

백30은 혹으로부터의 건너붙임을 방지한 것. 그냥 32하면 그림
58의 혹4로 되어 이하 백13까지는 필연적이 된다. 따라서 백이
불리해진다. 백34는 가쪽이 더 좋았다는 것이 吳9단의 국후담이
다.

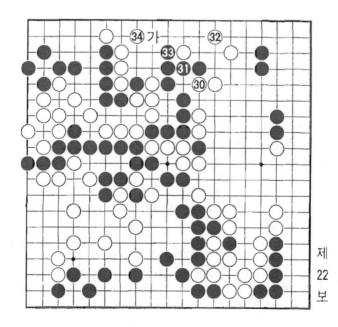

제
22
보

제23보 (35 - 42)

일견 적의 포위망 속에서 질식할 것 같은 흑의 일단은 시한폭탄 처럼 필살의 기백으로 왼쪽의 백을 노리고 있는 것이다.

오른쪽 흑35, 37로 나와 끊음도, 왼쪽 백에의 공세를 위한 준비 작업이다. 백42 다음 수를 여러분이라면 어떻게 두겠는가 ?

대개의 경우 모두 흑가라고 대답하리라고 생각되나 필자의 착수 는 가가 아니었다.

이 책의 제Ⅳ편 『대국에서의 테크닉』에서 필자는 "모양 갖춤에 구애받지 말라."는 점에 대해 설명하고 있는데, 이러한 맞싸움의 경 우는 서로가 한 수 다툼이므로 형(形)이나 모습(姿)에 구애를 받 지 말아야 한다.

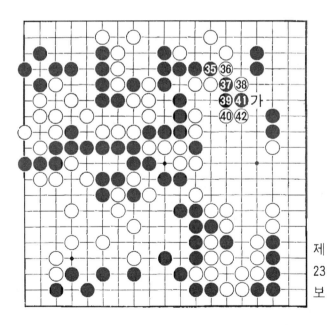

제
23
보

제24보 (43 - 48)

혹43이 유일한 공격수.

이 수로 형에 사로잡혀 44에 뻗는 것은 그림59처럼 되므로, 상변의 백과 포위망 속에 든 혹과의 싸움은 문제가 되지 않는다. 상변은 혹a, 백b, 혹c, 백b가 되기 때문이다.

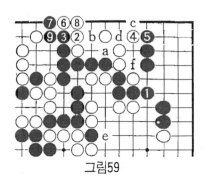

그림59

따라서 그림59를 거부하면서 혹e로 뻗어 나와 백과의 커다란 맞싸움을 엿보는 것이 혹f(본보 43)인데, 이것은 공백을 메우는 수로서 필자는 여기에서 크게 고심했었다.

이에 대해 吳 9단은 "백46은 보류했어야 했다."고 말했다.

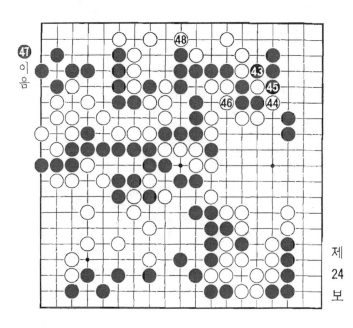

제 24 보

제25보 (49 - 59)

이상의 복잡한 변화를 읽고 나서 백48로 젖혔기 때문에 흑51까지는 당연한 수순이다. 여기서 필자는 드디어 맞싸움에 임하려는 태도를 확실히 하여 53에서 57까지를 거쳐서 단호히 59로 뻗어나왔다.

흑55, 57이 이러한 맞싸움에 돌입할 경우의 필요한 수순으로서 바둑의 묘미는 수순, 특히 맞싸움의 경우는 수순이 중요하다.

착각하여 수순이 바뀌면 다음에는 활용되지 않는 수가 있는 것이다.

흑59에 대한 백의 응수로서는 가와 나 두 가지가 있다.

후자라면 필연적으로 쌍방 모두 눈이 없는 싸움이 되는데 이 싸움에서는 어느 쪽이 유리할까 ?

또 패가 잠재해 있으므로 신중히 읽어 보기 바란다.

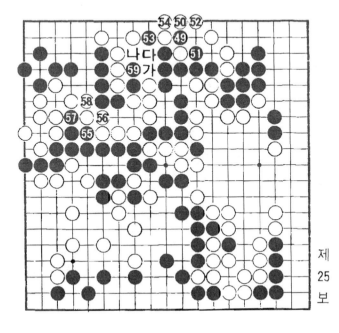

제
25
보

134

제26보 (60 - 64)

그중 한 수가 바로 백60이다.

이 수를 가쪽으로 나오게 하면 그림60과 같이 된다. 흑 6이 중요한 일착. 백은 급소를 공격당하고 나서는 수습할 길

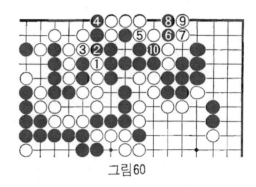

그림60

이 없어진다. 백60으로 되면, 드디어 좌우 대마의 맞싸움이 시작되는 것이다. 여기서 흑61, 63은 올바른 수순으로서, 특히 63은 이러한 맞싸움 형에서는 잊어서는 아니 될 수순이다.

선수로 먹여치는 것과 백에게 이음을 허용하는 것과는 커다란 차이가 있기 때문이다.

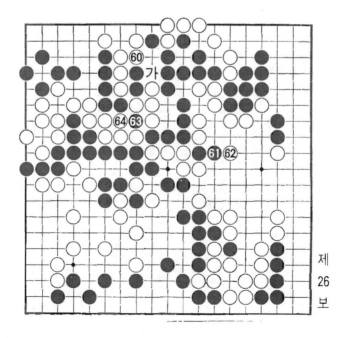

제26보

제27보 (65-71)

유가무가로 되어서는 천하의 일대사.

흑67과 백68은 서로가 이 한 수.

이것으로써 단수 패가 되었음이 뚜렸해졌다. 자세히 말하자면 백가, 흑나는 절대적이므로 흑쪽에서는 좌변 다, 라, 마로 3수, 그 때 백바, 사, 아로 3수째의 폐를 따 단수패가 된다. 그러므로 이번에는 팻감이 문제가 된다.

필자는 방향을 바꾸어 흑71로써 백의 응수를 물었다. 주된 싸움터를 떠나서 무슨 일인가 하고 생각할는지도 모르겠지만, 이상의 해석에서 그 이유는 충분히 이해되었으리라고 믿는다. 백은 물론 손을 뺄 수 없다. 자나 차의 두 곳 중 어느 곳엔가 응수하지 않으면 안 되는 것이다.

또 우변의 백도 흑카가 선수이므로 가, 사로 공배가 메워지면 뒷맛이 나빠지게 된다.

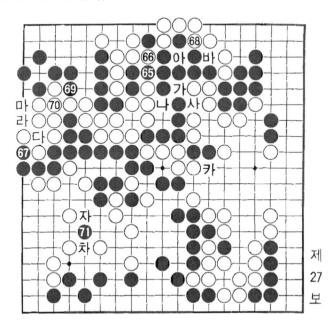

제
27
보

136

제28보 (72 - 76)

이 무렵 필자는 이미 제한 시간인 9시간을 거의 다 소비하여 나머지 1분의 초읽기에 쫓기고 있는 형편이었다. 한편, 吳 9단은 아직 3시간을 남기고 있어 여유가 충분했지만, 그도 결국에는 나머지 13분이라는 상황에 처하게 되었다.

백72는 현명했다. 백가하면 단수패의 팻감으로서 혹은 나로 72의 곳을 엿보게 되기 때문이다.

그리고 우변 혹73은 백다로 단수하면 그 이상 둘 수 없으리라 보고 곧바로 단수패에 돌입하려는 혹의 계산인 것이다.

이때의 吳 9단의 감상은,

"혹73으로 출구가 막혔다. 백76에는 약간의 오산이 있었다."

라는 것.

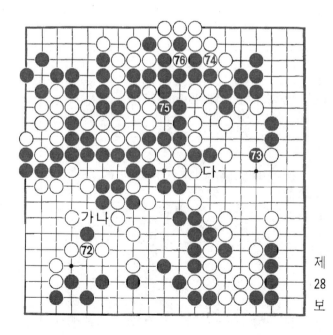

제 28 보

吳 9단은 백79로 백을 잡으면 기세를 잃을 것으로 보아 손을 뺏기 때문에 이번에는 우변이 복잡해졌다.

필자는 77이하로 움직여 나갔다.

여기서 흑은 맞싸움에서 이길 순 없어도, 77이하를 희생타로 하여 흑의 우변을 정리하고, 백의 공배를 메꾸어 중앙의 패싸움을 유리한 국면으로 이끌고 나가려는 필자의 작전이었다.

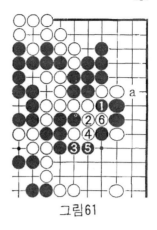

그림61

백82에 대하여 흑83으로 곧 끊는 것은 나쁜데, 그 이유는 그림 61을 보면 알 것이다. 흑1은 a에 두는 것이 올바른 것이다.

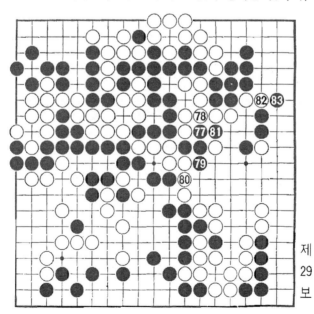

제
29
보

제30보 (84 - 100)

"백84는 88부터 두는 것이 올바른 수순이었다."는 것이 吳9단의 감상. 그렇게 해도 흑은 역시 85로써 본보와 같은 결과가 된다. 때문에 필자는 여기서 흑으로 백88에 두어 그림62와 같이 전개한 것이다.

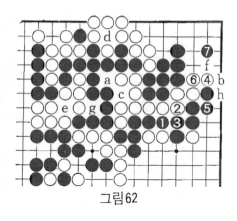

그림62

그림62의 백7까지 되고 나면, 그 다음엔 백a, 흑b, 백c, 흑d로 패를 따게 되는데, 이 패는 만패 불청으로서 흑은 f로 단수 해야 한다. 그러나 이때 무엇보다도 백에게는 c로 e에 이어 흑f, 백g, 흑d, 백h라는 팻감이 있다.

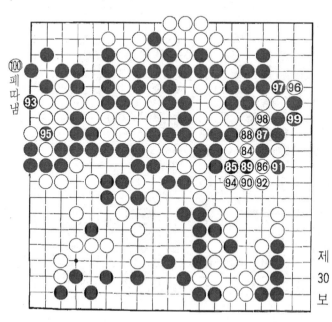

제 30 보

제31보 (1·흑 통분의 한 수)

우변은 흑진이었다.

이 결과 백은 중앙의 흑에 대하여 우선 흑 7점을 따내지 않고
서는 공배를 메울 수 없게 되었다. 따라서 백은 좌변의 패에 이길
수가 없다.

그런데 필자는 여기서 돌이킬 수 없는 실착을 범하고 말았다. 흑
1 이음이 바로 그것인데 이것은 한 수 한 집의 손해라는 것.

패를 따고 계속해서 빵따내면 이 흑1의 수는 불필요할 뿐만 아
니라 한 집 손해가 된다. 결국 이 바둑은 필자의 한 집 패배가 되
고 말았는데, 이 한 수로써 필자는 스스로를 감축시킨 결과가 되
고 말았다. 吳 9단이 이곳을 들여다보며 생각에 잠기자 필자는 그
제서야

"앗! 잘못이다."

하고 부지중에 부르짖고 말았던 것이다.

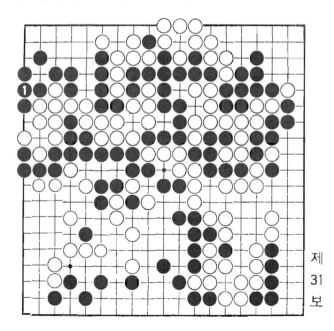

제
31
보

제32보 (2 - 19)

제31보에서 통분한 흑1은 본보의 2로
방비해 두는 편이 좋았다는 것이다. 흑은 7
의 패에 이기고 있지 않은 이상 역시 1로
이어 공배를 메울 수밖에 없으므로 백으로
부터의 팻감을 봉쇄하는 2가 무엇보다도
중요했던 것이다.

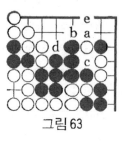

그림 63

백2를 놓치게 되면 여기에서 허다한 팻감이 생겨 난다. 그림63
에서 흑 a에 응해도 그 다음 백b로, 흑c에 응해도 그 다음 백d로,
흑 이음으로 응해도 그 다음은 결국 백2가 되는 것이다.

이렇게 하여 흑은 우상귀를 단념한 대신, 좌변에 있는 백을 잡을
수 있었는데, 그 대상 또한 적은 것이 아니었으므로 결국은 끝내
기로 승패를 가름하게 되었다.

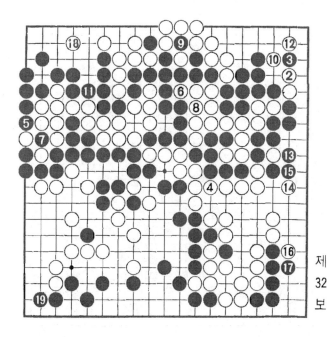

제
32
보

제33보 (20 - 53)

이렇게 술한 변화를 보여 왔던 이 일국은 결국 제33보에 이르러서는 하변에 커다란 패싸움을 일으켰다.

백30 이하는 吳 9단이 미리부터 노리고 있던 곳으로서 필자 역시 조금도 양보할 수 없는 곳. 35, 36으로 굉장한 패가 되었다. 백은 이 패를 빵따내면 계속해서 백가로 나와 아래의 흑 12점도 잡을 수 있다. 따라서 흑47의 패를 썼을 때에 吳 9단은 바꾸려고까지 생각했었다고 한다. 하지만, 그렇게 하여 흑나로 내려서면 귀에 다시 복잡한 문제가 야기될 것이므로 이를 피하기 위해 그냥 응했다는 것이다.

또 좁은 곳이지만 백28은 두지 않는 편이 더 좋았을 것이며, 흑 27로는 52의 곳에 빵따냄하는 것이 더 좋았을 것이다.

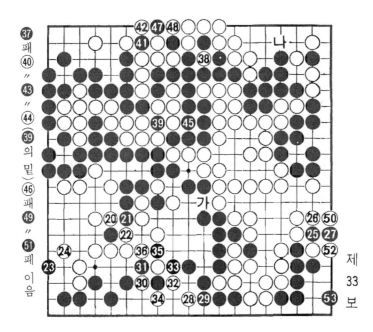

제33보

142

제34보 (54 - 80 · 이하 생략)

종국은 오후 11시 40분. 331수까지.

필자는 나머지 1분의 초읽기로 최후까지 85수를 두었던 것이다.

이 때의 관전기에는,

"그럼 먼저 실례…하고 吳9단이 혼자 돌아간 다음, 坂田4단은
또다시 기보를 훑어보면서 목산하고 난 다음 '역시 한 수 졌군. 아,
뭐라고 할 말이 없다.'하고 탄식조로 말했다."

라고 적혀 있다.

혈기 왕성한 19세 때 4단이었던 필자의 기풍을 생각해주기 바
란다. 그때 필자는 감히 그당시에 제1인자였던 吳선배에게 그의
대마를 죽이려고 뛰어들었었던 것이다. 참으로 흥미있는 일국이었
다.

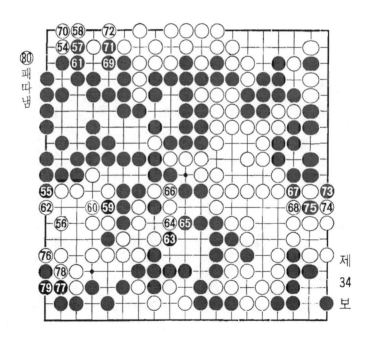

제
34
보

또 하나의 대국은 유명한 秀哉·雁金의 대국으로서, 이 바둑에 대해서는 애기가 여러분도 이미 잘 알고 있을 것이다.

그만치 이 대국은 유명하다. 하지만 그렇게 유명한 만큼 이 바둑의 승패의 갈림길이나 쌍방의 호흡에 대해서는 잘 이해되지 않고 있으며, 또 이것만큼 이 책의 제목에 부합되는 것도 없을 것 같아서 필자는 여기에 상세하게 게재하려는 것이다.

주지하고 있는 바와 같이 이 바둑은 일본의 바둑계를 주름잡고 있는 두 단체 — 일본 기원과 기정사가 그 운명을 걸고 싸운 대항전 중에서도 양측 주장끼리의 일대국으로서, 다음과 같은 일정표에 의해 거행된 것이다.

○ 제 1 일, 1909년 9 월 27일   흑53수 봉수
○ 제 2 일, 동년 9 월 28일   흑67수 봉수
○ 제 3 일, 동년 10월 7 일   흑125수 봉수
○ 제 4 일, 동년 10월 8 일   흑169수 봉수
○ 제 5 일, 동년 10월 12일
○ 제 6 일, 동년 10월 18일

흑254수에서 흑 시간이 다하여 패배.

이때 제한 시간은 각 16시간이었는데, 秀哉명인이 13시간 29분, 雁金준일사가 (당시 7단) 전시간을 소비했다.

이 바둑만큼 만천하 애기가의 관심을 불러 일으킨 대국도 없으리라.

당시 이 두 거장의 대국은 절대 불가능하다고 생각하고 있었던 것을 뒤바꿔 놓았던 것이다.

요미우리신문 80년사에는 이렇게 기록되어 있다.

"본사 사장이 바둑에의 열의로 동분 서주하여 본인방 秀哉명인으로 하여금 비록 일본 기원을 탈퇴하는 한이 있더라도 이 도전에 응하겠다는 결의를 갖도록 하여 이 대국이 이뤄진 것이다."

요미우리 신문사에서는 우에노 공원과 히비야 공원에, 오사카에서는 나까노지마 공원에 사방 3미터의 어마어마한 바둑판을 설치하여 이 대국의 진행을 속보했다는 것.

이 때문에 바둑열이 무르익을 대로 무르익어 도쿄의 바둑상들은 바둑판이 품절되고 말아 즐거운 비명을 질렀다고 전해질 정도이다.

또 요미우리사에서는 저명한 문인들을 총동원하여 관전기를 쓰게 했는데 그중 한 가지를 보면,

"秀哉 본인방은 체중이 겨우 30킬로밖에 되지 않는 자그마한 체구에 지독히 노쇠한 모습이었다. 머리는 7할 정도가 허옇게 세었고 커다란 렌즈의 근시안경을 걸치고 콧수염을 기르고 있었다.

한편, 雁金 7단은 몸집이 커다랗고 훌륭한 풍채를 갖고 있었다. 머리는 거의 박박 깎았는데 둥그스럼한 얼굴이 온화스런 성품을 보여 주고 있었다. 그리고 콧모양은 단정했고 눈빛은 쏘는 듯 날카로웠다.

秀哉 본인방이 손에 들고 있던 부채는 한시가 적혀 있는 흰 부채였으며, 雁金 씨의 것은 검은 중국부채였다. 그렇게 생각하고 보니 부채의 끈마저도 본인방은 굵고 평범한 것인 데 비해 雁金 씨의 것은 가늘고 약간 검은색에 가까운 갈색이었다."

필자는 그 당시 국민학교 일학년. 본격적인 바둑 수업을 한 것은 3학년때부터였기 때문에 그때는 아직 관심이 없었을 때로 단지 바둑을 즐겼던 부친의 대국을 가끔씩 들여다 볼 정도였던 것이다.

15. 秀哉·雁金局 (雁金先番)

제1보 (1 - 15)

이 일국이 그당시 바둑을 모르는 사람들에게까지 열광시킨 것은 하변에서 백이 흑의 대마를 맹렬하게 공격하여 잡으려는 데에서 결국 패싸움으로 발전했기 때문일 것이다.

국지관 (菊池寬) 씨는 이에 대해,

"이 대국은 일반에게까지도 대단한 평판을 받고 있는 것 같다. 바둑을 둘 줄 아는지 모르는지조차 분명하지 않는 나의 동료들까지도 ' 흑이 죽게 된 모양이다. 만약 죽으면 흑의 패배이고 산다면 흑의 승리이다.' 따위로 평판하고 있는 것으로 보아 이 기획은 대성공인 것 같다."

라고 쓰고 있다.

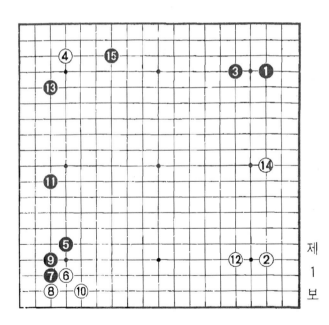

제 1 보

제 2 보 (16 - 25)

秀哉 본인방은 말하기를,

"백24는 생각할수록 위험 천만이었다. 왜 위험한가 하면 이때 흑 가로 치받아 백나, 흑다, 백라, 흑마로 되며, 거기서 백은 바에 두든지 사에 뻗든지 하게 되는데 백사하면 흑아가 생각나게 되기 때문이다. 어쨌든 흑25로 뻗었다고 하면 24는 활용된 셈이 된다."

雁金준일사는 말하기를,

"흑25는 가로 치받아 백나, 흑다, 백라, 흑마로 두고 싶지만, 그렇게 하면 백사로 뻗게 되어 하변의 백은 두터운 대모양이 된다. 한편 흑은 상변 백22가 좋은 위치이므로 두터움의 위력이 발휘되지 못한다. 그리고 25로의 뻗음은 미온적이어서 두고싶지 않았지만. 우선 은인 자중해서 그렇게 둔 것이다.

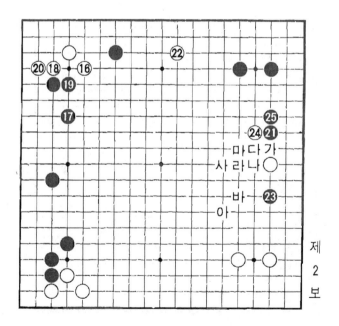

제 3 보 (26 - 38)

백28에서 34까지는 왼쪽의 36을 예기하여 하변에 대모양을 만들려는 웅대한 구상.

하지만 필자는 이 백34까지는 손해를 볼지도 모른다는 두려움이 있다고 생각한다. 따라서 필자라면 28로는 그림64의 백 1 이하로 두었을 것이다.

백이 뒤에 하변의 흑돌을 전부 잡으려는 진행으로 옮긴 간접적 원인은 본보의 28이하 34에 있는 것으로서 백의 웅대한 구도는 적에게도 자기에게도 두려운 것이다.

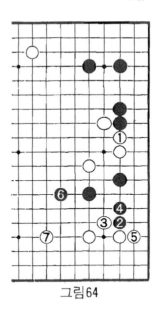

그림64

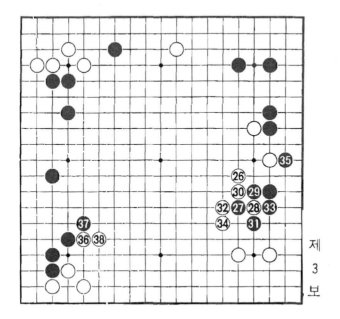

제 3 보

148

제 4 보 (39 - 47)

秀哉 본인방은 말하기를,

"흑45는 의외였다. 어쩌면 46으로 밀는지도 모르겠다고 생각했
었지만 일단 밀고 난 후에는 어떻게 할 것인가에 대해선 아직 생각
도 못하고 있었다. 이것에 이어 흑47의 수는 어쩌면 가에 둘 것이
라 예상했었는데 이렇게 두자 또다시 의외라고 생각했던 것이다."

雁金 준일사는 말하기를,

"흑43의 일착에는 대단히 망설여졌으며, 따라서 생각하는 데만
도 1시간 이상이 걸렸던 것이다.

이 수로 43하지 않고 흑가로 두려고도 생각했었다. 그때 이 수
는 호착이라고 생각했었지만 다시 생각해 보니 사실은 결국 백43
으로 마늘모 붙임을 당하여 한 점이 중앙에 축출당하는 것이 싫었
기 때문에 그랬던 것 같다."

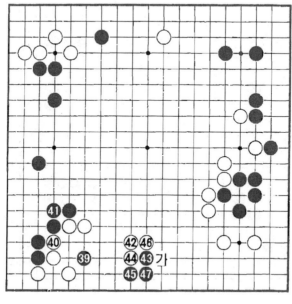

제
4
보

제5보 (48 - 53)

첫날엔 여기서 봉수하게 되었다.

다음에 백이 흑53 위쪽을 밀고 올 것은 필연적인데, 여기서 흑
은 똑바로 이으면 살게 된다.

한편 그림65
가 예상되는데,
이 그림의 백5
로 6에 젖혀 흑
을 잡으려는 것
은 a의 끊음, b
의 건너붙임 때
문에 무리이다.

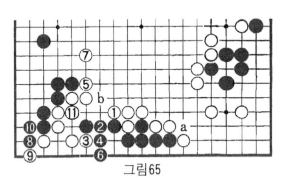

그림65

그러나 雁金 준일사는 이보다 좀 더 강경하게 저항책을 쓴 것이
다.

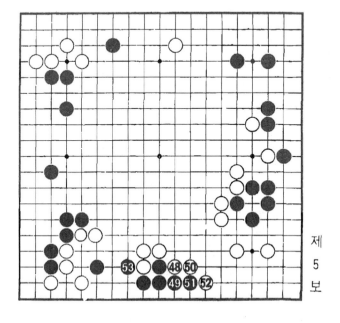

제
5
보

제6보 (54-67)

이 기보가 이틀째의 총수순이다. 흑67로 봉수한 다음, 8일간 쉬고 나서 대국을 계속한 것이다.

생각하면 무엇인가 어려운 국면에서 봉수했던 것이다.

여기의 백60으로 秀哉 본인방은 이 흑의 일단을 잡으려는 태도를 명백히 했다. 따라서 백64로 젖혀 흑에게 두 눈을 허용하지 않았다.

이에 雁金 준일사는 흑55, 59로 버텼는데 그는 백이 곧 따라오지는 않으리라 생각했다고 술회하고 있다.

또한 秀哉 본인방은 백64하기 전에 왼쪽 백가, 흑나의 교환을 해두었어야 했다고 술회하고 있다.

다만 그 주문대로 응하면 흑에게 활로가 없어지므로, 백가에는 흑다로 응하고 계속해서 백라하면 흑나하려던 것이었다고 우리 현대의 기사들은 추측한다.

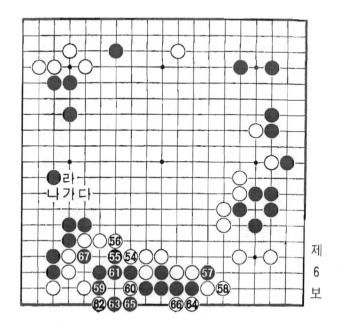

제
6
보

151

제 7 보 (68 – 78)

현대의 애기가 여러분은 어쩌면 이 바둑의 조건에 있어서 두가지 정도의 의문점을 갖고 있을 거라는 생각이 든다.

호선이 아니라는 점과 봉수를 사용하지 않았다는 점이 바로 그것이다. 현대에서는 비록 9단과 3단의 대국이라도 호선으로 덤을 공제하며, 다음날 계속하기 위해 중간에서 끝마칠 때는 봉수를 하는 법이다.

그런데 이만한 대국에서 그렇게 하지 않았다는 것은 아마도 옛날부터의 관습으로서 雁金 준일사도 이것에는 신경을 쓰지 않았던 것 같다.

백은 드디어 필사적으로 흑을 잡으려는 작전으로 나왔다.

흑73에서 백74는 형이라는 관점에서는 용납할 수 있는 수이지만, 오른쪽의 3점을 구제하고 왼쪽의 단점을 보강하기 위해서는 이 수밖에 없는 것이다. 秀哉 명인다운 강력한 수이다.

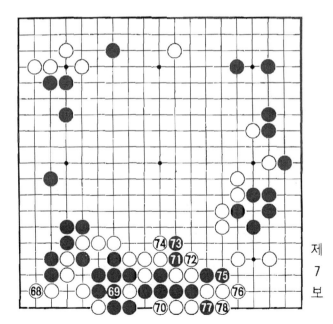

제 7 보

제 8 보 (79 - 89)

이 페이지와 다음 페이지는 특별히 주의해서 보아 주기 바란다.

흑79로 끊어, 공배를 메우는 역습은 어렵기는 하나 필연적인 수순이다.

이어서 백100까지는 필연적인 과정이다.

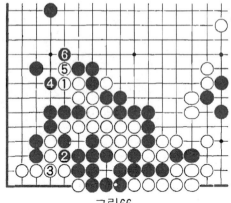

그림66

백100으로 그림66처럼 백 1에 꼬부리는 것은 혹2, 4, 6 으로 오히려 전멸당하게 되고 만다.

그것으로써 백은 100으로 뛰어 이긴다고 읽고 있었던 것이다.

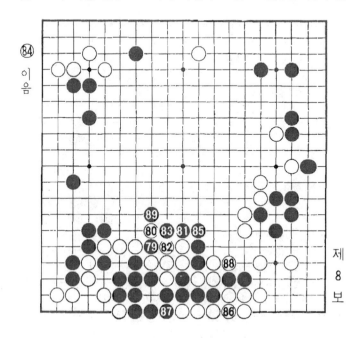

이음

제 8 보

제 9 보 (90 ~ 100)

다시 말해서 그림 67처럼 흑 1 로 응수하면, 백은 2 로 똑바로 이어서, 흑9의 때 패를 따고, 다음은 만패 불청하여 흑 16점을 다시 잡아버리고 만다.

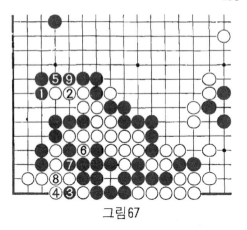

그림67

백은 64로 꼬부릴 무렵부터 이 수순을 읽고 있었던 것이다.

그러나 여기서 雁金 준일사에게는 놀랄 만한 귀수(鬼手)가 있었다.

그것이 바로 다음의 젖혀끼우는 수이다.

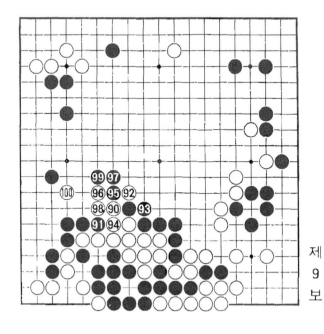

제 9 보

제10보 (1 - 9)

흑 1 젖혀 끼우는 귀수가 나
와 국면은 점점 더 복잡 기괴
한 양상을 띠게 되었다. 백 6
으로 가에 나오면, 그림68처
럼 되어 백은 눈이 없게 된
다. 그리고 기보와 같이 백은
6, 8로 좌하와 연결이 된다.

흑으로서는 5하기 전에 6으
로 단수하는 수순이 없었을까?

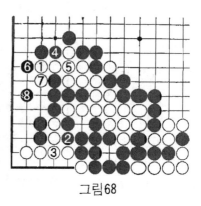

그림68

그러나 백은 그림68의 흑2, 백3의 교환을 거치면서 이번엔 7
로 젖히는 변화를 나타내어 흑의 입장이 난처해지게 했다.

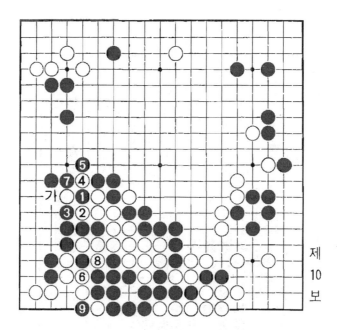

제
10
보

제11보 (10 - 12)

백12는 秀哉 본인방이 1시간 37분의 장고 끝에 결연히 뻗어나온 수이다.

이 12로 인해 백가, 흑나, 백다로 되면 하변의 흑 일단은 잡히게 된다. 그러나 이렇게 해도 흑라, 백마, 흑12로 연속 빵따낼 뿐아니라, 뒤에 흑바, 백사, 흑아, 백자의 양패로 되어 흑의 일단은 잡히게 되지만 이렇게 양패로 되어서는 백은 대단한 부담이 되는 것이다.

이러한 것들을 깊이 생각하고서 백은 12로 뚫고 나와 결전을 시험한 것이다. 이것은 다음에 흑라, 백마, 흑나라면, 본보처럼, 또 흑나하지 않고, 차에 꼭 이으면 백은 카로 내려 싸우려는 것이다.

이 장면에서는 돌 하나하나에 사활이 걸려 있는 것이다.

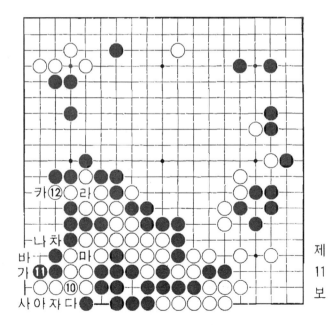

제
11
보

제12보 (13-15)

秀哉 본인방은 말하기를,

"혹이 15로 하지 않고 가에 이으면 나는 나에 내려, 혹 패 이음, 백다로 두려고 했다."

雁金 준일사는 말하기를,

"15는 경솔했다. 이것은 가에 이어 백이 패를 따내면 다소 손해이긴 하지만, 한 패 여유가 있으므로 혹라에 팻감을 만들어 이 패를 어쨌든 이겨서 잇지 않으면 안 되게 되었다."

또 최근의 새로운 연구에 의하면, 吳淸源씨는 秀哉 본인방의 백나 내려섬에 대해서는 흑다로 흑이 유리하다고 발표하고 있다.

또 木谷씨는 이에 대해 백은 흑가에 대해서 나로 말고 마에 꼬부리는 것이라고 말하고 있다. 어쨌든 승패는 아직도 판가름이 나지 않았으므로 이 국면에서는 뭐라고 말할 수가 없다.

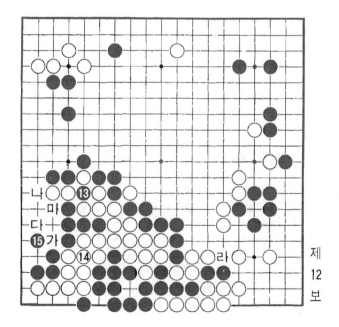

제 12 보

제13보 (16－25)

앞 페이지에
서의 논점에 대
해 필자가 한가
지 더 보충하여
설명하면, 그림
69의 형으로 백
이 패를 해결하
여 1에 두면 3
까지를 생각할
수 있다는 것이
다.

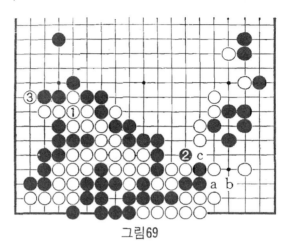

그림69

다음에 흑a, 백b, 흑c가 선수로 되기 때문에 우변의 백이 전부
죽을지도 모르는 것이다.

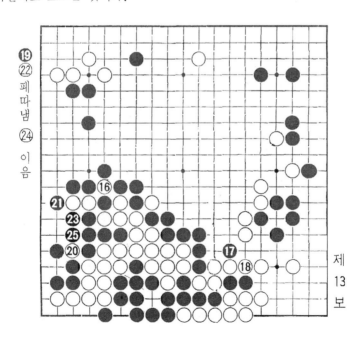

⑲
㉒
피
따
냄
㉔
이
음

제
13
보

제14보 (26 – 29)

이 기보에서 제 4 일째를 맞이했는데, 이날은 일찍부터 흑에게 악수가 나온 것이다.

흑29가 바로 그것인데, 이곳은 가로 빵따내지 않으면 안 된다.

이렇게 흑가로 빵따내어 버리면 문제의 하변에서 벌어진 맞싸움에서 어디까지나 흑나, 백다, 흑라의 패싸움이 되기 때문에 흑으로서도 중앙에 상당히 거센 저항을 할 수 있게 되는 것이다.

그리고 만일 중앙이 백마, 흑바, 백사, 흑아, 백자, 흑 이음, 백차로 된다 해도 흑카에 붙여 백타라면 흑파로 맞끊어 결국 좌하를 전술한 수단으로 패를 만들고 중앙은 두 수를 두어 맹렬하게 싸울 수가 있는 것이다.

이것은 吳씨의 연구에 의한 것인데 필자 역시 29로 가하면 백은 별수없이 난처해질 거라고 생각된다.

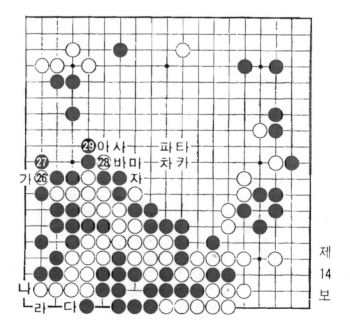

제
14
보

제15보 (30 - 69)

제 4 일째는 본보의 69로 끝마치고 다음에 속개키로 하였다.

흑은 제14보의 29로 너무 욕심을 부렸기 때문에 좌하는 백36으로 치중당하여 이것을 38로 차단할 수가 없게 되었다.

만약 흑38이었다면 백64, 흑39, 백41, 흑40, 백55라는 수순으로써 하변의 대마는 일견하여 서로 빅수가 되지만 중앙의 흑은 잡히고 만다.

따라서 이것은 백38로 건너가게 하는 결과가 되었으므로 한 수 패의 모습에서 한 수 늘어진 패로 되고 말았다. 이 한 수의 차이는 대단한 것이다.

그러나 雁金 준일사는 아직도 희망을 버리지 않고 69로써 마늘모로 붙여 백의 엷은 맛을 노리고 있다. 늘어진 패라 해도 백은 아직 안심할 수 없는 입장이다.

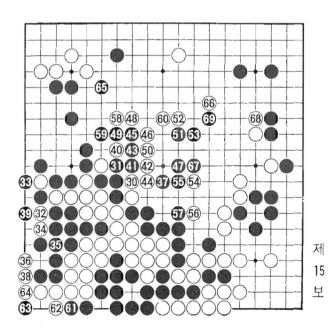

제
15
보

160

제16보 (70 - 100)

흑은 이 기보에서 매우 교묘하게 두어 승패를 아직도 패싸움에
연결시키고 있다.

상변 백88, 90으로 나와 끊었을 때 이것으로써 대세가 결정되는
가 하고 생각했었지만 흑95가 워낙 훌륭한 수순이었기 때문에 이
것으로써 흑은 무조건 살아 버리고 말았다.

우변 흑87로 뻗은 것은 누가 보아도 가가 이익이라고 생각하겠
지만 흑이 노리는 것은 좌하를 나로 메워 패 싸움으로 몰려는 것이
므로 흑은 백의 팻감을 줄이려고 이처럼 87로 받은 것이다.

다시 한번 하변을 확인해 주기 바란다.

흑나, 백다, 흑 되따냄, 백 공배 메움, 흑라, 백 패 따냄, 흑 어
딘가에 패씀, 백 그것에 응함, 흑 패 따냄, 백 어딘가에 폐씀, 흑
마로써 본패가 되는 것이다.

5일째는 79수까지. 이하는 최후의 6일째에 둔 것이다.

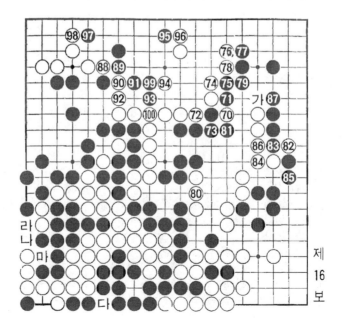

제
16
보

제17보(1-54. 흑 제한 시간 완전 소비)

흑은 상변 흑1에서 9까지로 교묘하게 살아 이것으로써 일단락하고, 흑15로 우하 48에 두면 어떨까? 그렇다고 하더라도 백이 강력하게 눈을 없애려고 든다면 여전히 패싸움이 일어날 것이다.

흑8에 계속하여 백a, 흑b이다. 본보에 접어들자 흑은 시간에 쫓겨 25따위의 손해수를 두어 그 차이를 점점 더 크게 벌리고 말았다.

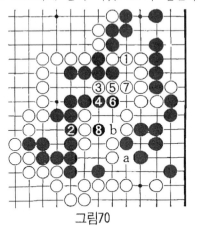

그림70

결국 끝까지 두었다면 6호 정도의 승리였을 거라는 秀哉 본인방의 국후담이 있다.

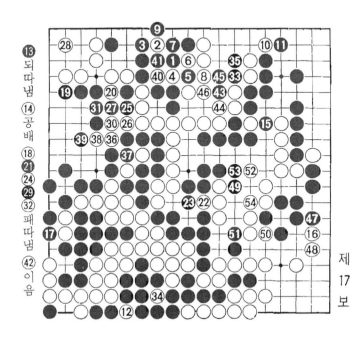

제17보

이 치열한 대국시 秀哉 본인방의 연령은 53세, 雁金 준일사의 연령은 48세였다.

이때 각 문인이 묘사했던 것을 조금씩 발췌해 보기로 하자.

○ "본인방 명인은 전설 속의 제갈공명을 연상시키고, 雁金씨는 德川家康을 연상케 한다.

전자는 검고 긴 얼굴에 약간 신경질적으로 날카롭게 육박하는 면이 있으며, 후자는 원만하고 중후한 인상으로써 그는 눈을 보기 좋게 가늘게 뜨고 있는데, 때때로 번쩍하고 한번 쏘아보게 되면 정면으로 적의 간담을 서늘하게 할 정도이다."

○ "본인방은 무거운 부채를 펼친 채로 무릎 위에 놓고, 雁金씨는 오른손으로 무릎 위에 세우는 습관이 있다. 그러다가 난국을 당하여 생각에 잠길 경우, 雁金씨는 살찌고 건강한 한쪽 무릎을 세우곤 한다. 그러나 이쪽 본인방의 흰 부채는 흰 국화나 벚꽃처럼 펼쳐진 그대로이다.

또한 雁金 7단은 자주 어깨를 움직이기도 하는데 본인방 명인은 언제나 직립 부동의 자세를 취하고 있다."

○ "雁金 7단이 자기도 모르는 사이에 두 손에 힘을 주자 눈썹이 치솟고 뜨거운 한숨을 반면에 토하면, 본인방은 상반신을 낮게 하여 반면에 기울이고 머리를 왼쪽으로 기울인다.

명인의 귀밑에 기름같은 땀방울이 돋는다. 이때 돌연 입회인이 '시간이 다 되었으므로 유감스럽지만 이것으로 끝마치겠습니다.' 하고 종국을 고했다."

이 대국을 끝마치고 나서 본인방 명인은 건강을 해치고 결국엔 입원까지 헤야만 했다.

Ⅳ. 대국에서의 테크닉

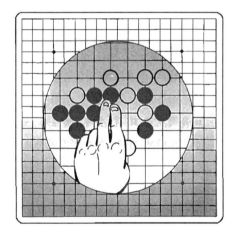

여기서부터 이 저서의 주제인 공격형의 구체적인 테크닉, 즉 수법에 들어가기로 한다.

귀찮을지도 모르나 필자는 링 위에서 상대방을 녹아웃으로 쓰러뜨리려는 자라면 꼭 알아두어야 할 요점을 16개 항목으로 총정리하여 서술하려는 것이다.

제1항 보는 눈을 단련시키자

웨스턴 영화에 등장하는 호쾌한 건맨들은 그들 자신의 권총을 다루는 데에 있어서 절대적으로 필요한 두 가지의 조건을 갖추고 있다. 그것은 바로 그가 위기에 처했을 때 누구보다도 빠르게 허리의 권총을 뽑을 수 있을 것, 그리고 누구보다도 정확하게 목표를 겨냥할 수 있어야 한다는 것이다.

상대보다 0.1초 빠르다는 것은 대결장에서 사활에 관련되어 있는 것이다. 0.1초의 차이가 적을 죽이느냐, 아니면 자신이 죽음을 당하느냐 하는 갈림길이 되기 때문이다. 그러나 이 허리의 권총을 뽑아내는 귀신같은 솜씨는 끊임없는 맹훈련에 의해서만 달성되는 것이지, 하루 이틀의 노력으로써 이뤄지는 것은 아니다.

필자는 비율적으로 따져 보아 빠르게 수를 볼 수 있기 때문에 坂田의 눈은 한번에 20수 라고 일컬어지고 있지만, 그것도 미리 이 형은 이것으로 죽게 된다든지, 또는 패라든지 하는 것이 머리 속에 들어 있기 때문에 내려지는 판단으로 매일매일 쌓아 놓은 노력이 없고서는 얼키고 설킨 국면이나 어려운 사활문제를 짧은 몇분 내지 몇초 동안에 판단한다는 것은 불가능한 일이다. 따라서 승리를 거두기 위한 첫째 조건으로서는 건맨이 누구보다도 빠르게 허리의 권총을 뽑는 것과 마찬가지로, 누구보다도 빠르게 돌의 사활을 알아차릴 수 있어야 한다.

그렇게 되려면, 소위 묘수풀이 같은 것을 한눈에 올바르게 풀 수 있는 힘을 양성하는 것이 무엇보다도 필요하다.

아마추어들에게는 묘수풀이의 바이블이라고 일컬어지는 《기경중묘(碁經衆妙)》(준명인11세 林元美 지음)를 정복하라고 권하고 싶다.

이것은 지금으로부터 약150년 전에 출판된 것이지만 기본적인 돌의 사활에 대한 문제를 집성하여 실전에 응용할 수 있게 편찬된 것이다. 우선 이 《기경중묘》의 내용을 모두 두뇌에 간직할 정도가 되지 않고서는 적을 일거에 섬멸시켜 짧은 시간 내에 쾌승을 거둘 수는 없는 것이다.

다만 상당한 실력을 갖춘 아마 추어라고 할지라도 《기경중묘》의 묘수풀이 문제들을 즉석에서 전부 풀어내기란 매우 어려울 것이다. 하지만 대국을 거듭함으로써 최후에 이 책 전권을 마스터하면 되는 것이다.

실전에서 아마추어들은 눈이 없는 돌을 살았다고 잘못 진단하거나 패가 되는 것을 무조건 삶이라고 그릇 생각하는 예가 대단히 많기 때문에 거기에 공격자의 위력이 발휘될 수 있다. 그러므로 공격자로서는 반드시 사활의 문제에 관한 파악력을 배양할 필요가 있는 것이다.

이 판별력이 권투에서는 필살의 펀치가 되는 것으로, 복싱수업에서 모래주머니를 두들김으로써 펀치의 힘을 기르는 것처럼 바둑에서는 묘수풀이의 사활 문제에 도전함으로써 펀치에 해당하는 판별력을 기르게 되는 것이다. 또 이러한 묘수풀이나 사활 문제에 매일같이 접함으로써 길러진 판별력에 의해서 상대가 살았다고 낙관하여 손을 뺀 돌이 있을 경우, 곧바로 그들을 잡으러 갈 것인가 아닌가는 오로지 실전적인 고급의 작전 방침에 의하지 않고서는 안된다. 이런 문제에 대해서는 이 뒤에 있는 '돼지는 쌀찌우고나서'라든지 '분리시키고서 잡는 것이 이상적'이라는 항목을 참조하기 바란다.

제 2 항 수읽기의 힘을 기르자

건맨들의 사격의 정확성은 바둑의 경우 수읽기의 정확성에 해당된다고 할 수 있다. 우리들 전문 기사들이 가장 두려워하는 것은 소위 '이기는 수읽기'로 자기만의 이김수로 이곳은 이렇게, 그렇게 되면 이렇게 하고 앞에 일어날 변화를 제멋대로 읽는 병폐이다. 상대방으로부터 뜻밖의 응수를 당하고서 "아 ! 틀렸다."하고 무릎을 치며 탄식하게 될 정도여서는 상대방의 대마를 죽이기는 고사하고 그때 투자한 노력이 헛된 것이 되고 만다. 서부영화의 주인공이 시청자의 박수갈채를 받는 것은 허리의 권총을 뽑는 솜씨도 그럴듯하거니와, 그 사격이 일푼 일리의 빗나감없이 목표물에 명중되기 때문인 것이다.

쏘는 것은 전광석화처럼 빠른데 그것이 목표물에 명중하지 못한다면 무용지물인 것이다.

공격자인 이상 적을 일거에 섬멸시킬 수를 자기 멋대로 읽고서 의외의 수로 상대방에게 역습을 당한다면 낙제인 것이다. 그런데도 실제로는 이 잘못 읽고 손해보는 수를 방지한다는 것이 여간 어렵지 않다. 우리들 전문 기사의 기보를 열람해 봐도 이러한 잘못 읽은 손해수는 수없이 많다.

이것은 현대의 바둑이 시간제로서, 초에 쫓기는 경우가 많기 때문에 이러한 손해수가 흔하게 출현하는 것이라고 보겠다.

유명한 오독(誤讀)의 실례를 보기로 하자.

16. 烈元・仙知局 (仙知先番)

제1보 (1 - 36)

두 사람 다 준명인이 된 10세 본인방 烈元과 7세 본인방 仙知의 일국이다.

이 무렵은 아직 烈元은 7단, 仙知는 6단이었다. 이 仙知의 후계자가 바로 8세 본인방 知得이다.

이 일국은 좌상에서 치열한 공방전이 시작된 것인데 여기저기의 축이 미묘한 관계를 이루고 있다.

기보의 35끊음에 대해 林元美 8단은,

"끊지 말고 흑가로 두는 것이 좋다."

라고 평했으며, 또 幻庵은 19의 수를,

"무겁다. 다른 곳에 두어 15를 버릴 것인데 ……."

라고 비판했다.

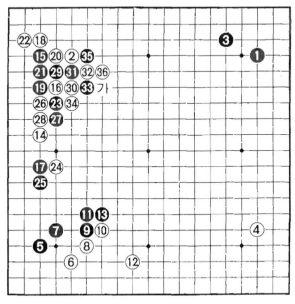

제2보 (37 - 55)

실전에서는 기보처럼 백54, 흑55로 일단락.

이하 백가, 흑나, 백다, 흑라, 백마로 진행되어 결국 흑13집 승이 되었던 것이다.

이때 이를 관전하던 어느 3단이 "54로 다음 페이지처럼 두면 양쪽의 축을 한꺼번에 막아 낼 수가 있지 않겠는가."라고 발언. 깜짝 놀란 두 사람이 급속히 연구해 본 결과 과연 말한 바 그대로였다고 한다.

때문에 "두 사람의 얼굴은 빨개지고 아무런 할 말이 없었다."라고 어느 기서에는 적혀 있다.

바둑의 수단이란 참으로 심원한 것이므로 우리들 전문 기사들로서도 "아." 하고 놀랄 수밖에 없는 예상 외의 수에 봉착당하게 될 경우가 많이 있다.

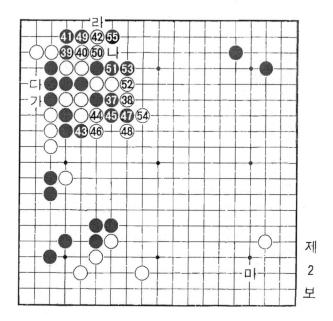

제 2 보

가정도(1 - 3)

어느 3단이 지적했다는 수가 바로 이 가정도의 수이다.

백54로는 본도에서처럼 1로 붙여, 혹 2 때 백3으로 모양의 정돈은 아랑곳하지 않고 공배를 메우는 무서운 수가 있었던 것이다.

이 다음 흑가라면, 백나, 흑다, 백라, 그리고 흑마라면 백바이다.

이것으로써 백은 모든 축을 넘어서게 되므로 여기서 바둑은 결정적인 대세에 이르게 된다.

이 대국은 지금부터 약 180년 전의 것인데 이 두 사람 모두 나중에 준명인의 지위까지 올랐으므로 이 대국은 '준명인 쌍방이 잘못 본 대국'으로서 유명하다.

그럼 계속해서 근세에서의 유명한 거장 秀甫와 鉄次郎 두 기사의 잘못 읽은 손해 수를 보기로 하자.

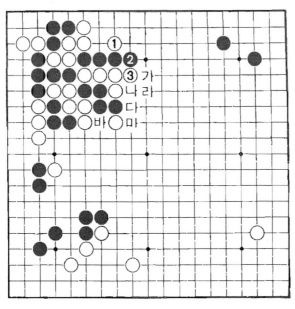

가정도

17. 秀甫·鉄次郎局 (鉄次郎先番)

제1보 (1 - 100)

秀甫는 鉄次郎과 함께 이 대국을 두기 5년 전, 방원사를 창립하여 쇠퇴 일로에 있는 바둑계에 새로운 활력을 불어넣었었다.

이 일국은 이 두 거장에 의한 대전인데, 잘못 읽고 손해본 수는 우하귀에서 생겨났다.

秀甫가 자기 스스로 평가하기를,

"우하귀는 무조건 잡히진 않는다고 쌍방 모두가 생각하고 있었다. 그러나 어이없게 잡힘으로써 백22에서 26까지는 두지 않는 것이 좋았다.

또 그 수에 주의가 가지 않았기 때문에 흑93으로는 96에 응하는 것이 좋았다."

라고 했다.

참으로 적절하게 자기 자신을 평한 말이라 하겠다.

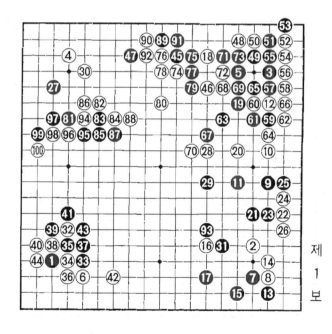

제 1 보

제 2 보 (1 - 23 · 이하 생략)

이 바둑은 백 2집승으로 끝났다. 우하귀는 흑21에서 백22까지로 되어 흑가, 백나, 흑다라면 패가 되지만, 그것이 졌을 때는 손해가 크므로 鐵次郞7단도 결행할 수 없었던 것이다.

여기서 흑19로 그림71의 1로 내려서면 이 백은 무조건하고 죽음이 되고 만다.

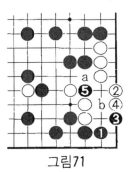

그림71

따라서 백 4 때에 흑 5로 급소에 치중하는 것이 귀수로서 백이 계속해서 a하면 흑b로 여기에서는 눈이 생겨나지 못한다는 것을 확인하기 바란다.

秀甫는 준명인으로서 명인에 추대를 받았지만 이를 사양하고 받지 않았다는 것이다. 이러한 위인도 잘못 보고 손해를 보는 수에는 어쩔 수가 없었던 것이다.

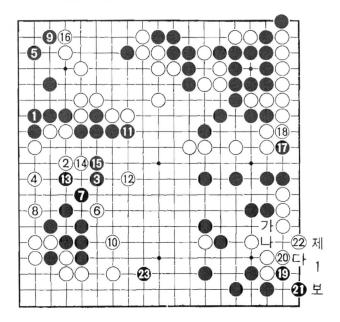

인간인 이상 아무리 천재적이고, 뛰어난 기사라 할지라도 잘못 읽는 손해수, 또는 잘못 본 손해수는 다 있기 마련이다. 기성 道策 문하에 있다가 井上의 가문을 이은 道節은 명인으로서 묘수풀이와 사회 문제를 수집 편찬한 명저서《발양론(発陽論)》을 남기고 있다. 지금부터 약 270여년 전에 목판이 완성되어진 불후의 명작이지만, 그 속에도 유명한 실패도가 있다.

그림72가 바로 그것으로서 흑선으로 되어 있는 것. 흑 1에서 3 까지는 필연. 여기서 백a하면 흑b, 백c, 흑d로 살지만, 작자가 간과해 버린, 지극히 평범하여 별로 주의를 하지 않았던 묘수가 있었던 것이다.

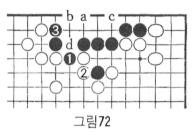

그림72

그것은 그림73에서 백1, 3 으로 그냥 잇는 수단인데, 이 것으로써 흑은 살 수 없게 된다. 흑선 흑사가 된다면 묘수풀이의 문제로서 실패작이다. 이처럼 우리 전문 기사들에게도 잘못 본 손해수를 겪은 경험이 다 있다.

근세의 유명한 예로서는 당대의 제일인자를 다투었던 吳·藤澤의 십번기를 들 수 있다. 하지만 세기의 결전이라 불리워졌던 그 대국의 제1국 대마의 맞싸움에서도 양쪽 모두 다 잘못 본 손해수가 있다는 기록이 있다.

이것이야말로 세기적인 잘못 본 수로서 다음에는 계속해서 이것을 검토해 보기로 한다.

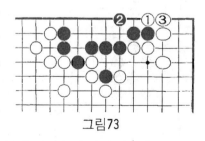

그림73

18. 吳 · 藤澤局 (藤澤先番)

제1보(1 - 66)

이 대국이 이뤄졌던 당시 필자는 7단이었는데 그당시 이 대국은 9단이었던 두 거봉이 치열한 공방전을 전개한 것이었으므로 전 바둑계의 눈과 귀는 이 대국에 쏠려 있었다.

이 무렵의 십번기는 덤이 없이 3일 동안에 끝마치는 것이 하나의 관례로 되어 있었다.

제1보는 이틀째의 대국보인데 흑67로 봉수한 것이다.

문제는 좌상귀에서 생겼다.

두 9단이 좌상귀에서 수를 잘못 보았는데 이를 기록계가 발견해 낸 것이다.

이 좌상귀가 어떻게 될 것인지 독자 여러분도 한번 연구하고 나서 다음 페이지를 넘겨 보기 바란다.

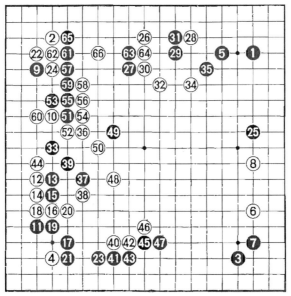

제
1
보

제 2 보 (67 - 90)

좌상귀에서 백90에 이르자 이 맞싸움은 흑의 패배라고 대국자는 생각하고 있었다.

藤澤 9단은 계속해서 흑가, 백나, 흑다로 둔 다음 흑라의 수를 당하자 돌을 던지고 만 것이다.

제한 시간인 13시간도 흑은 이미 거의 다 소비해 버렸다는 까닭도 있다면 있다고 할 것이다.

그런데 사실상 이 맞싸움은 흑이 이길 수 있었던 것이다.

즉, 흑이 본보의 백90 다음에 그림74처럼 두었다면 말이다.

흑 1 에서 백 8 로 넉 점 잡는 수까지는 피차가 필연적인 수순이라고 하겠지만, 그 다음 페이지 가정도의 흑 1 이 맹점으로 된 것이다.

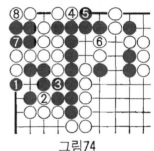

그림74

가정도(1 - 3)

이 가정도의 흑1이 두 대국자가 잘못 보고 넘겨 버린 맹점의 수였다.

결국 두 대국자는 4집 속의 수의 공격 수순을 보통처럼,

"三·三, 四·五, 五·六, 六·十二"로 계산하고 있었던 것이다.

3집의 수는 세 수이고, 4집의 수는 다섯 수라고 하는 것이다.

그러나 여기서는 4집의 수가 귀라는 특수한 사정이 있었던 것이다.

좀더 자세히 설명하자면 귀의 안쪽으로부터 흑3으로 단수하는 수단이 있었던 것이다.

보통 바깥쪽으로 두 점 따내고, 백이 이를 되따내면 흔히 단수하는 수순과는 다르게 되는 것이다.

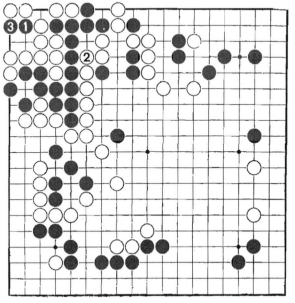

가정도

이상과 같이 대국자가 잘못 본 수를 관전하는 입장에서 발견하는 예가 적지 않다. 역시 속담 그대로 등잔 밑이 어두운 격.

필자가 아직 7단이었을 때 長谷川章과 高橋 두 선배의 대국에서, 대국자가 읽지 못한 수단을 지적하여 칭찬을 받은 일이 있다.

그림75가 실전의 수순인데 그림76으로 되면 패라고 생각했다.

종국 후, 필자는 그림77에서는 흑1, 3으로 흑이 무조건 살지 않겠느냐고 말했다.

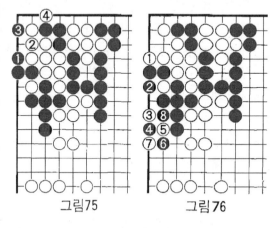

그림75   그림76

이 3은 약간 주의가 가지 않는 수인데, 계속해서 그림78의 수순을 밟아 흑은 산다.

또 실전에서 백이 그림76처럼 매듭짓지 아니한 것은 그렇게 하면 그림78의 흑a에서 부호순으로 i까지 생명을 건 패가 되기 때문이다. 그림78에서 흑3하기 전에 백3을 두어 흑을 두 점으로 키우고 나서 백2로 두는 수도 있지만 이것은 오히려 백이 불리한 한수 늘어진 패가 되고 만다.

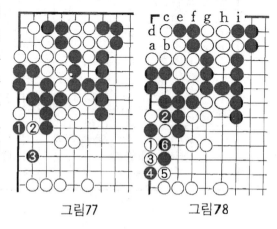

그림77   그림78

19. 坂田·林海峰局 (林先番)

제1보 (1-2)

다른 사람이 잘못 읽은 수만을 열거하는 것은 실례가 되므로, 이번에는 필자와 林海峰 명인이 잘못 본 수에 대해 이야기하도록 하겠다.

제22기 본인방 타이틀전의 제3국. 이 기보의 백1은 130의 수에 해당한다.

이 우하귀의 백에 수단이 있음을 林명인은 간과해 버렸다. 양쪽 모두 초읽기에 허둥지둥 쫓기면서 한 착수이지만, 여기서 백1로 둔 것은 굉장한 것이다.

여기서 올바르게 응수당하면 백은 전멸.

그러나 흑2는 꾀임에 빠진 실착으로써 백은 사지에서 탈출하고 말았다.

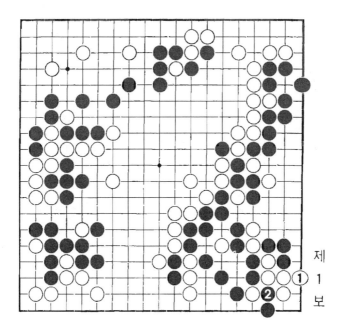

제1보

제 2 보 (3-7)

　백은 제 1 보의 1로 두지 말고 바로 본보의 3에　두었어야　했다.
그랬더라면 이곳에서 수단을 일으켜 혹의 잘못 봄을 더욱　준엄하
게 파고들 수가 있었을 것이었다.　다만 제 1 보의 혹 2 가 백의 실착
에 다시금 빠져든 실착이었기 때문에 본보 백 3 으로 수단을 일으켜
귀의 백은 무조건 살아 승세를 확립했다.　다시 말해서 이　혹 4 로
6에 둔다 해도 백가, 혹나, 백다, 혹라, 백4, 혹마, 백바로 되어
혹 4 점이 잡히기 때문이다.

　그렇다 하더라도 제 1 보의 백1 내려섬은 대단한 것이다.　이것은
본보 백 3 과 혹 6 을 교환하고 나서 내려야했을 것이었다.

　그러면 백의 잘못된 수순을 추궁하는 혹의 수는 어떤　것일까?

　다음의 가정도를 살펴 보기로 하자.

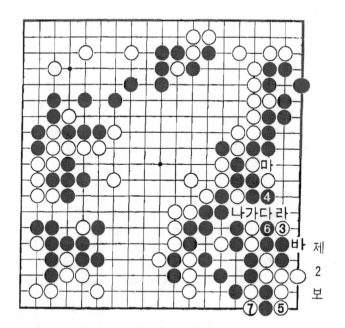

가정도(1-7)

흑1로 넘는 수는 준엄한 것으로서, 이 한수로 귀의 백이 전멸 당하게 된다.

이 수는 신문의 속보를 보고 安倍6단이 발견해 낸 것인데, 뒤에 이것을 듣고 필자는,

"역시, 참으로 위험천만이었다."라고 후회했으며 지금도 이것을 생각하면 등에 식은 땀이 흐를 정도이다. 흑1로 건너고 7까지로 되면 백은 눈을 두 개 만들지 못한다. 제1보 백1로 내려선 수가 자기의 눈을 메우고 있기 때문이다.

또 백2로 3에 버틴다 해도 흑가, 백4, 흑2, 백5, 흑나, 백다, 흑라, 백6, 흑7 공격으로써 역시 백은 살지 못한다. 이 일국의 승패는 이 사활에 걸려 있었기 때문에 이것은 잘못 본 수라고 할지라도 매우 위험한 것이었다.

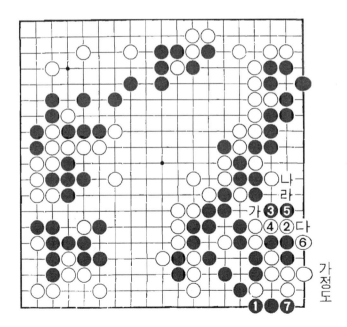

가정도

이처럼 수많은 잘못 본 수를 실례를 들어가면서 훑어본 것은 상대의 돌을 잡기 위해서는 수읽기의 정확성이 얼마나 중요한 것인가를 매우 강조하고 싶었기 때문이다. 우리들 전문 기사가 한 수에 2시간이고, 3시간이고 소비하면서 장고하는 것은 이러한 수읽기에 몰두해 버리기 때문이다. 수를 읽고 있는 동안에 이렇게 하면 축으로 몰릴 염려가 있다고 알아차리게 될 경우 사전에 축머리에 착수해 놓을 수가 있다. 또 패가 되어도 팻감이 부족하다는 것을 알게 되면 사전에 팻감을 만들 수 있다. 모든 수순을 읽고, 준비공작을 끝내고 나서 비로소 대마를 죽이려 들어야 한다는 것이다. 잡히는 쪽은 사력을 다한다. 혈로를 뚫으려고 있는 수단, 없는 수단을 가릴 것 없이 모조리 강구한다. 물, 불 가리지 않고 날뛰는 광포한 멧돼지를 포박할 준비——다시 말해서 수 읽기의 정확성이 없다면 적의 대마는 잡을 수 없다. 제1항의 판별력을 기르는 것과 함께 절대로 빠져서는 안 될 것이 이 수읽기의 정확성이다. 조금이라도 잘못보는, 잘못 읽는 수가 없도록, 잘못 보아 빈틈이 많은 형이 되지 않도록 주의하기 바란다.

제3항 모양갖춤에 구애받지 말라

애기가를 크게 힘이 강한 스타일과 형이 정돈된 스타일 두 가지로 나눌 수 있다.

가끔씩 여러분은

"아! 나는 힘이 강한 편이야." 라든지,

"나는 힘보다 모양에 신경을 쓴다."

라고 느낄 때가 있을 것이다.

대체로 전문가에게서 배운 사람들은 형이 우량하고 아류들에게서 배운 사람들은 힘이 강한데, 그 대신에 형(모양)이 우량한 사람은 힘이 약하고 강한 사람은 형이 나쁜 것이다.

여기서 필자가 말하고 싶은 것은 상대의 돌을 잡으려고 할 경우에는 이 중에서 힘이 강한 스타일이 되어야 한다는 것이다. 그림79의 백1은 제Ⅲ편에서 秀哉명인이 雁金준일사

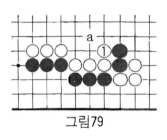

그림79

의 대마를 잡으려고 했던 대국에서 여러분이 보았던 강력한 수이다. 물론 형(모양)이라는 입장에서 말하면 a가 석 점의 중앙으로 급소에 해당하기 때문에 이 그림의 백1은 우형에 불과하다.

그러나 맞공격에서는 이러한 우형을 문제로 삼지 않는 강력한 전법을 잊어서는 안 된다. 특히 한 수 공배가 서로 물려 있기 때문에 잡힌다든지 축에 몰린다든지 하는 예들이 적잖이 있는 것이다.

우형의 대표적인 것으로서 빈 삼각이 있지만 실전의 대국에서는 이 빈 삼각을 두는 경우도 적잖이 있다.

요약해서 말하자면, "모양갖춤에만 구애를 받지 말라."는 것이다. 요즈음 젊은이들 사이에 "날씬하다."는 말이 유행하는 모양인데, 공격적 바둑에서는 이러한 모양에는 전연 주의를 하지 않고 —— 다시 말해서, 모양갖춤에 구애받지 않고, 상대를 일거에 섬멸시키려는 것이 무엇보다 중요하다. 또 이러한 모양갖춤에 구애받지 아니한 수 가운데에는 뜻밖의 귀수(鬼手)가 있는 것인데, 이것은 바꿔 말해서 상대가 잘못 보고, 잘못 읽은 수라는 뜻으로 된다. 필자가 실전에 두었던 수로서 많은 사람들에게서 칭찬을 받은 것이 있는데, 그것은 다음의 그림80의 백1로 위쪽에서 들여다본 수단이다.

이러한 형의 상식과 필자의 착수는 정반대가 되었다. 뒤에 들으니 입회했던 吳淸源 9단도, 별실에 있었던 전문 기사들도 백1의 수는 전연 생각지 않았다는 것이다. 상대방 藤澤명인(당시)도 일순 이것은 정말로 고마운 일이라고 생각했었다는 것이다. 묘수와 악수는 종이 한장의 차이다라고 말해지는 것도 바로 이러한 예에서부

터일 것이다. 그
림80의 백 1은
흑a, 백b를 강요
한 것인데, 이
바둑은 중앙 백
의 두터움과 좌
상 흑의 두터움
이 승패로 되고
있음으로 해서
흑은 몹시 난처
하게 되었다. 그
러나 평범하게
이 백 1의 수로
c에 두면 흑으

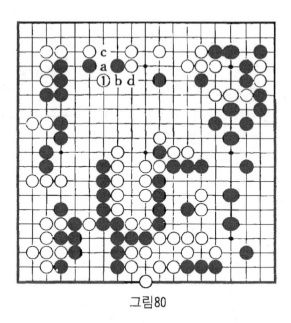

그림80

로부터 d에 젖힘을 당해 오히려 백이 불
리한 입장에 처해지게 된다.

그림81(A)는 귀의 한칸 굳힘에 대하
여 바깥쪽에서 들여다본 것이다. 백은 a
나 b 안쪽으로 수단을 일으켜 상대방의 응
수를 묻는 것이 상식이다.

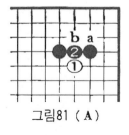

그림81 (A)

따라서 바깥쪽에서 백 1 따위로 들여다보는 식의 것은 어처구니
없는 것으로 여겨져 이런 수를 두는 사람은 파문이라고 일컬어졌던
것이다. 그런데 吳淸源 9단이 태연하게 이러한 수를 대시합에서 두
어 멋지게 승리로 이끈 실례가 있다. 요약하면 바둑이란 승리하기
위해 노력하는 것으로서 그러기 위해서는 모양이 나쁘다든지, 수나
누기로 손해를 본다든지 하는 이치에만 구애받고 있어서는 안 된다
는 것이다. 적을 한꺼번에 잡으려는 입장으로서는 반드시 모양갖추
기에만 구애받을 것이 없다는 점을 다시 한번 강조해 두는 바이다.

제4항 적의 형을 파괴하라

복싱 팬이라면 누구나 잘 알고 있듯이 KO펀치란 그렇게 쉽게 작렬되는 것이 아니다. 그 펀치를 한번 휘두르기 위해서는 전초전으로서 잽이라든가 아니면 그 외에도 상대를 어느 정도 기진맥진하게 하고 난 다음에야 비로소 찬스를 포착하게 되는 것이다. 아무리 적을 잡기에 능한 바둑의 대가라 할지라도 똑바른 형을 갖추고 있는 상대의 돌은 무슨 수단으로도 잡을 수가 없기 때문이다. 그러므로 적의 형(모양)을 파괴해야 한다. 그림81은 6점 접바둑에서 흔히 볼 수 있는 진행도이다. 백에게 모자씌우기를 당하면 하수는 틀림없이 흑1

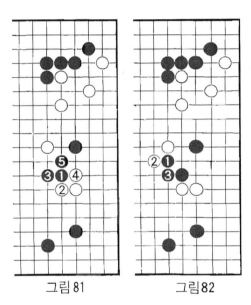

그림81   그림82

로 도망친다. 그뿐 아니라 계속해서 백2, 4로 공격당하면 흑5 따위로 연결지으려 한다. 물론 여러분은 이 책 정해의 그림82를 잘 알고 있으리라고 생각한다. 그림82의 흑3은 일견 응형의 대표적인 것같이 보이지만, 실전적인 견지에서는 좋은 수라 하겠다. 이것을 그림81과 비교해 볼 때 흑은 백에 대하여 충분히 저항하고 있음을 알게 될 것이다. 어쨌든 백으로서는 상대를 이처럼 붕괴된 형(모양)으로 이끌어 가는 것이 우선적이다. 이렇게 해두면 다음의 맹공격이 대단히 효과적이기 때문에 흑은 도저히 눈을 만들지 못하고 죽게 된다.

돌에는 각각 급소가 있게 마련인데, 이 급소를 방비해 놓으면 절대 삶이 되지만, 이것을 게을리하여 오히려 이 급소를 치중당해 버리면 그 돌은 죽기에 꼭 알맞게 된다. 따라서 바둑을 공부하는 데 있어서는 돌의 맥을 아는 것이 대단히 중요하다. 아마추어들은 거의가 돌의 맥을 잘 모르고서 두었다 해도 작용하는 힘이 얇은 점만을 선택한다든지 하는 수가 많다. 이것은 우리들 전문 기사들이 이맥(異脈) 또는 속맥(俗脈)이라 부르는 것인데, 이것에 대해서는 본 시리즈 중의 별책 '바둑의 급소(急所)와 정맥(正脈)'에서 자세히 설명해 놓았으므로 여기서는 생략하기로 한다.

제 5 항   돼지는 살찌우고 나서

공격자의 자격을 갖추고서 훌륭하게 성장할 것인가, 아닌가 하는 것은 이 항목의 실천이 가능하냐, 아니냐 하는 것에 달려 있다.

우선 축문제.

축은 축으로 몰아야 상대방도 순간 '아아, 이것은 축이구나.' 하고 알아차려 단념해 버리므로 그 이상의 전과로 확대시키는 것이 불가능해지지만, 만약 상대방이 축을 못 보고 그대로 계속한다면 이것처럼 고마운 일은 없을 것이다. 한 수가 계속 도망치는 데서 점점 덩어리져서 전과는 그만치 더 커지기 마련이다. 과일이든 물고기든 먹을 만큼만 따서 먹을 일이다. 또한 너무 어렸을 때 잡아먹는 것은 그다지 가치가 없는 일이다. 특히 돼지 같은 경우에는 살찌우고 나서 잡지 않으면 안 된다. 이것은 즉, 상대방이 자기 돌에 눈이 없음을 못 보고 있다고 기뻐하여 곧 죽이려고 하는 것은 그다지 환영할 만한 일이 못 된다는 것이다.

바둑의 고등 전술 중애는 잡을 수 있는 돌이라도 잡지 말고 그냥 내버려 두자라는 것이 있다. 이것은 가르침 그대로 '쫓으려면 날일자'인데 날일자로 쫓아 데리고 다니면, 이 날일자로 대진지가 구축되므로 작게 잡는 것보다 이쪽이 훨씬 더 이익이라는 것이다. 데리고 다니면서 크게 키우고 난 다음에 죽이는 것이 무엇보다도 효과적인 것이다. 요약하면, 상대방의 돌을 될 수 있는 한 무겁게 만들도록 유도하라는 것이다. 가벼운 돌은 버려서 그다지 아까울 것이 없으므로 버리기가 쉽다. 그러나 이리저리 두어 무거워진 돌은 여간해선 버리기가 어렵게 된다. 따라서 상대방의 돌을 될 수 있는 한 무겁게 만들도록 유도하고, 무거워진 돌을 슬슬 몰아 도망치게 하자라는 작전.

여기에서는 이러한 고등 전술까지를 연구해 보자는 것이다.

제6항 미끼를 던져 주어라

적을 일거에 섬멸시켜 전격적인 승리를 가져오게 하기 위해서는 적을 유인할 미끼를 던져주어야 한다. 여기서 미끼를 던진다는 것은 적을 유인, 섬멸하기 위한 준비 단계라고 볼 수 있다.

성급한 이야기이긴 하지만 상대의 돌이 전부 연결되어 있다고 한다면, 아무리 일당백의 힘을 가지고 있다 할지라도 적을 죽이기는 불가능하다. 상대방의 돌이 몇개인가로 분단되어 있어 제각기 눈을 만들지 않으면 안 될 때에야 공격의 찬스가 많아지게 되는 것이다. 그러기 위해서도 미끼는 필요하다.

옛날부터 하수와 대국을 많이 해왔던 사람은 이러한 미끼를 던지기에 능숙해 있기 때문이다.

필자의 바둑에서 미끼를 던졌던 예를 살펴보도록 하자.

필자의 백번으로 혹은 高川 9단.

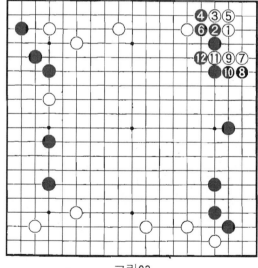

그림83

그림84가 상용되는 진행이다. 필자는 이러한 진행을 바꾸어서 그림85처럼 백1의 미끼를 던졌다. 당연히 흑은 2로 나와 (이것은 흑에게 선백권이 있으며, 이렇게 나오지 않으면 흑이 손해다.)이하 백9로 내려서 살게 되고, 흑도 10으로써 백 한 점을 잡게 된다.

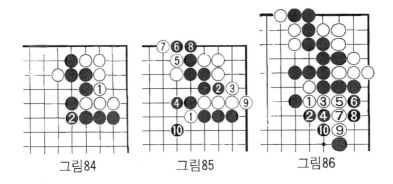

그림84   그림85   그림86

그런데 만일 움직인다면 그림86처럼 흑10까지로 백이 죽는다.

그러면 왜 백 한 점을 희생타로 던졌을까?

이 때문에 흑에게는 빈틈이 생긴 것이다.

다시 말해서 그림85 다음 그림87 과 같이 백1에서 3, 5라는 수단으로 나오면 이번에는 앞에서 미끼를 던졌던 백 한 점이 경우에 따라서는 움직이기 시작할 위기에 처해지기 때문이다.

이러한 엿봄의 수가 미끼를 던진 이유인 것이다.

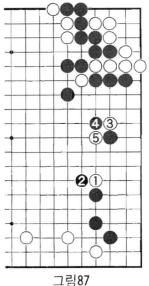

그림87

제 7 항 두텁게 두어라

그림88은 여러분이 익숙하게 알고 있는 정석이라고 생각한다. 고목에 구축한 백에 대해 혹은 소목에 들어와 백이 날일자로 씌웠을 때, 두 점을 버린 돌로 삼아 생긴 형이다. 그런데 이 정석에서 여러분은 백과 혹 중 어느 쪽이 더 좋다고 생각하는가?

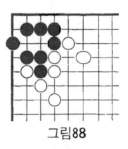

그림88

이것은 물론 예로부터 수많은 기사들에 의해 헤아릴 수 없을 정도로 두어진 다음에 이루어진 정석이므로 어느 쪽이 불리하다고 딱 잘라서 말할 수는 없다.

다시 말해서 그때그때의 포석에 의해서 유리하다, 또는 불리하다고 말할 수는 있겠지만, 이러한 부분적인 면에서의 판단으로는 어느 쪽도 손해라고 말할 수 없다는 것이다. 다만 기풍(棋風)이라는 면에서, 백쪽이 더 좋다고 하는 사람과 혹쪽이 더 좋다고 하는 사람은 있을 것이다.

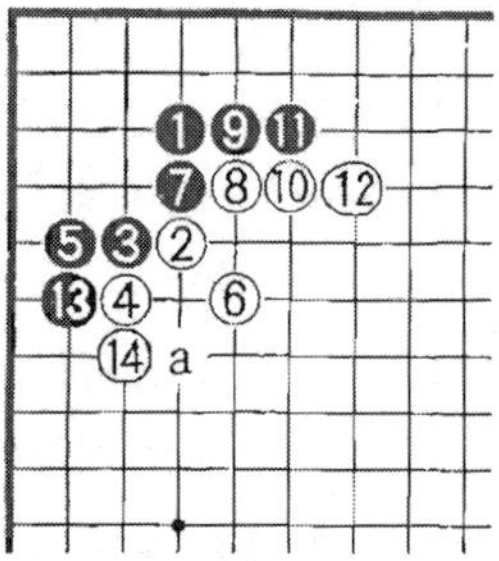

백은 두텁고 혹은 실리적이다. 따라서 실리를 좋아하는 사람은 혹편을, 두터움을 즐기는 사람은 백편을 취하면 된다. 이에 필자는 두터움과 실리 양쪽으로 확실하게 나누어진 정석을 5개쯤 소개하려고 한다.

그림89의 혹5는 실리를 주로한 수단이며, 이것에 대해 백6 이하는 高川 9단이 발견한 새로운 정석. a로 들여다보는 맛을 남기기 위해 혹13을 보류하는 수도 생각되어질 수 있다.

그림89

이어서 그림90.

물론 우상의 돌의 배치가 문제가 되나, 최근에는 제1착의 흑에 제2착의 백이 바로 고목에 걸이하는 바둑도 있으므로 세 귀가 비어 있는 채로 바로 이 정석이 이루어질 경우도 상상할 만하겠다. 그건 그렇고 여러분은 어느

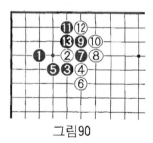

그림90

쪽을 취할 것인가? 이 경우는 돌의 수효가 다르다. 흑 7 수에 백은 6수이다. 따라서 백이 한 수를 더 가일수하여 똑같은 비중의 갈림이 되면 좋은 것이다.

좌상귀의 실리를 대단히 크게 여겨 백의 벽을 아무것도 아닌 것처럼 여기는 것은 아직 두터움의 위력을 잘 이해하지 못하고 있기 때문이다. 따라서 이러한 사람들은 다음의 정석을 보면 백을 더욱 싫어하게 될 것이다.

다음은 그림91과 그림92.

이 두 그림은 같은 항이라 불러도 좋을 것이다. 여기서 다른 점은 그림91은 백이 한 수 적다는 것이요, 그림92는 양쪽 다 돌의 수가 같다는 것이다. 이 정석에 대해서는 우리 전문 기사들 중에서도 흑이 더 좋다는 사람들과 백으로 두는 것이 더 좋다는 사람들이 있다.

여러분은 과연 어느 쪽을 백할 것인가?

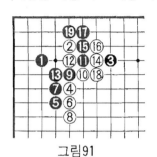

그림91

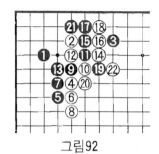

그림92

또 한 가지 그림93.

대형 정석이다. 흑백은 같은 수로서 흑의 실리 20여 집에 대하여 백은 두터운 벽을 둘러치고 있다. 《위기대사전(囲碁大辭典)》에서는 백의 두터움이라는 제목이 붙어 있다.

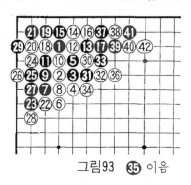

그림93 ㉟ 이음

그러면 여기서 결론으로 들어가자.

근대 바둑의 특징은 사람들이 점점 더 집 차지에만 치중하고 있다는 것이다. 덤으로 반집을 가지고도 승패가 결정되기 때문이다.

그러나 적을 잡으려는 자로서는 두텁게 두어 장차의 실리에 희망을 남기는 것이 훨씬 더 효과적인 것이다. 왜냐하면, 얼키고 설킨 맞공격이 벌어졌을 때, 두터운 쪽이 훨씬 더 그 위력을 충분히 발휘하여 강력한 공세로 판국을 전개해 나갈 수 있기 때문이다. 예를 들어 축 관계가 문제된다면 두터운 벽이 돌연 그 작용을 힘껏 펼치게 된다.

변에 두 칸으로 벌려 있는 돌은 쉽사리 죽지는 않는다. 그러나 주위가 완전히 적의 돌로 두텁게 포위당하고 있다고 한다면 그것은 결코 안전하다고는 말할 수 없을 것이다.

KO승을 쟁취하려는 자라면 포석의 단계에서 될 수 있는 한 두텁게 두라고 권면하고 싶다.

우리 전문 기사들 중에서도 특히 두텁고 유유하게 두는 사람이 있는데 그것은 바로 高川 9단이다.

제 8 항   싸움은 우세한 장소에서

자기 힘을 자만하는 사람은 걸핏하면 자기의 힘을 과시하여 무리한 공격을 하곤 한다.

만일 상대가 약하면 그것이 통할 수도 있겠지만 그것은 절대로 올바른 병법이라고는 할 수 없다.

바둑에 대한 사고 방식은 어디까지나 과학적이고 합리적인 것이 아니면 안 된다.

따라서 공격자가 죽으려고 할 때는 상대방과 싸워서도 충분히 우세해야 한다는 상황을 전제로 하지 않으면 안 되는 것이다.

장기(將棋)의 말들과 달라서 바둑의 돌들은 적이건 아군이건 전부가 동등한 것이므로 상대방의 돌의 배치가 5이고 자기의 돌도 5라면 세력이 팽팽하게 맞서고 있다는 것으로, 그것으로는 반반의 싸움밖에는 될 수 없는 것이다.

자기의 세력이 10이고 상대가 2라면 거기에서는 압도적인 싸움이 전개될 수 있다.

접바둑의 경우를 생각해 보면 잘 알 수 있을 것이다. 치석(置石)이 많을 때에 처음부터 맞붙으려는 것은 백이 절대 불리하다. 따라서 백은 처음부터 맹렬한 공격에 들어가지는 않는다. 여기에 두고 저기에 두고, 이렇게 차츰차츰 두어가는 동안에 백의 우세한 장소가 생겨나게 되고, 바로 거기서 백은 전투를 개시한다는 것이 접바둑에서 백이 상용으로 취하는 수단인 것이다. 그러므로 붙이고 있는 하수의 입장으로서는 자기쪽이 우세한 장소에 백이 무리한 수를 착수해오면 그것을 그대로 공격해 나가야 한다. 이러한 찬스를 놓치게 되면, 이번에는 백도 충분한 체제를 갖게 되어 승리를 얻게 되는 것이다.

아마추어로서 자기의 힘을 과신하는 사람들은 준비 부족 상태에서 상대의 돌을 잡으려고 하는 경우가 많다. 예를 들면, 상대가

8의 힘을 가지고 있는데도, 6정도밖에 안 되는 약한 자기의 돌로 상대를 포위하여 죽이려고 한다. 이것은 도저히 불가능한 것으로서 이렇게 되면 그 포위망은 그대로 지리 멸렬해지고 말아, 이것은 지독히 힘겨운 형이 되고 마는 것이다. 전투는 어디까지나 싸울 수 있는 장소에서 싸우지 않으면 안 된다. 중앙에 약한 적의 일단이 있다면 먼저 그 적이 도망칠 곳을 교묘한 수순으로 선점하여 봉쇄하는 등의 고등 전술이 중요한 것이다.

위기십결(圍碁十訣)에서는,

"入界宣緩" "彼强自保" "勢孤取和"라고 가르치고 있다. 이것은 즉, "상대방의 진지 속에 뛰어든 때는 깊이 들어가서는 안 된다." "상대방이 강하면 우선 자기 신변의 안전을 도모한다." "자기 세력이 약하면 온화한 해결을 꾀하라."라는 것으로서 요약하면, 피아의 세력의 균등을 잊지 말라는 것이다.

공격자로서 가장 경계하지 않으면 안 될 것은 잡으려 들다가 오히려 자기 자신이 잡히고 마는 것이다.

노루를 쫓다가 너무 산중 깊이 들어와 정신을 차렸을 때에는 이미 돌아올 길을 찾지 못해 거기서 자멸하고 만다는 식의 실패는 절대로 피하지 않으면 안 되는 것이다.

첫째 공격자가 오히려 잡히게 되었다면 이건 무어라 할 말이 없는 것이다. 그 대신 자기의 편이 우세하고 거기에 찬스가 왔을 때에는 용약 과감하게 적극적으로 공격에 공격을 가하여 일보의 후퇴도 없이 싸워야 한다. 이러한 경우에는 조금이라도 공격을 늦춰서는 안 되는 것이다.

제 9 항 기대기 · 분리함의 효과

"한쪽 대마는 죽지 않는다."라는 격언은 바둑을 두는 사람으로서는 가슴 깊이 새겨두지 않으면 안 될 진리이다. 제 1 편의 각 대국에서 보아 왔듯이 여러 가지의 대마가 죽었지만 그것은 그들 각 대마가 대부분 한쪽 돌이 아니었기 때문이다.

한쪽 돌, 다시 말해서 다른 곳에 아무 염려할 것이 없는 일단의 돌은 웬만한 일에는 죽지 않지만 주위에 약한 돌을 갖고 있을 경우엔 그 관계에서 삶이 어려워지게 된다.

그리고 이것이 공격자로서의 귀중한 전술이 되는 것이다.

그 주위에 작용하려면 기대거나 분리시켜야 하는 것이다.

이것은 귀찮다 할지라도 유단자인 애기가, 또는 입단을 목표로 삼는 애기라면 반드시 깨달아 두어야 할 공격 요령이다.

본편 제 1 항과 제 2 항에서 판별력과 수읽기의 능력을 기르자고 강조했는데, 그 판별력과 수읽기로 드디어 상대방에게 공격작전을 쓰기로 결정했다면 다음에는 그 작전을 수행하기 위한 공작, 다시 말해서 기대기나 분리시키는 사전 공작을 하고, 완전히 잡을 수 있는 여건을 갖추지 않으면 안 된다. 건맨이 우선 상대방을 활동하기 쉬운 넓은 광장으로 유인해 내듯이 말이다.

여기서는 나의 실전에 나타났던 기대기와 분리시킴의 예를 들어 보기로 하자.

기댄다는 것은 글자 그대로 상대방에 기대어 걸이를 하면서 사실은 정반대의 방향을 엿보는 것을 의미한다. 그림94, 그림95는 흔히 쓰이는 기대기의 수이다. 여기서 백이 진짜로 노리고 있는 것은 왼쪽에 있는 흑 한 점을 공격하는 것이다. 따라서 오른쪽에 기댄 결과 우변의 흑은 탄탄하게 되었지만 그 대신에 왼쪽으로 공격의 위력을 발휘할 수가 있게 된 것이다.

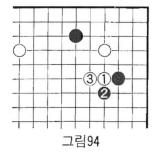

그림94

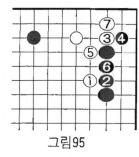

그림95

그림96은 실전보인데 지금 흑이 상변 중앙에서 마늘모로 나오고 있다. 문제는 중앙의 흑 두 점과 그 왼쪽의 백 두 점과의 경쟁인데, 이 그림으로 보아서는 백이 흑을 공격하고 있는 것처럼 보인다. 그러나 또 어떻게 보면 흑이 백을 공격하는것 같기도 하다.

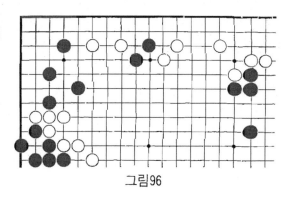

그림96

즉, 여기에서는 백의 응수 방법에 따라 공격이 되기도 하고 방어가 되기도 하는 것이다. 때문에 백의 다음 한 수는 여간 신중을 기하지 않으면 안 된다.

그림97, 백1의 밀어올림은 낙제점. 이것은 스스로를 지키는 데에만 급급한 수로서 상대방에겐 아무런 위협도 못 된다. 흑2, 백3, 흑4로 된 후 계속해서 백은 a로 두지 않으면 안 된다. 왜냐하면, 이 흑에게 선제 공격의 기회를 부여한 것은 백이 공격을 가할 수 있는 위치에 있음에도 불구하고 스스로를 수비의 입장으로 시종하여 몰아넣은 결과밖에는 안 되는데, 그렇게 두면 재미가 없기 때문이다.

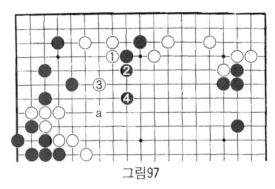

그림97

그림98, 이 백1의 날일자도 낙제점. 이 수로는 다음에 흑2, 3이라는 뛰고 뛰기가 예상되어 흑이 4에 다시 뛰어서 아무런 염려도 없다. 따라서 백은 흑을 공격할 수 있는 찬스를 놓쳐 버린 결과가 되며 좌상귀의 흑에게는 조금의 위협도 주지 못한다.

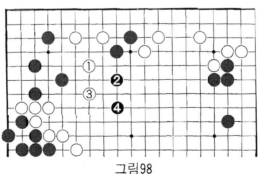

그림98

그림99, 백은 이처럼 1로 왼쪽에 기대어 착점하는 것이 무엇보다도 효과적인 수단. 이 결과로는 흑a, 백b, 흑c, 백d, 흑e, 백f, 흑g, 백h로 계속 밀고 나갈 수 있다. 그리고 흑이 백 4점을 절단하면 백은 k에 크게 씌울 수단이 있는 것이다. 중앙의 흑이 도망치면 백은 왼쪽 넉 점을 잇게 되므로 이번에는 귀의 흑이 불리한 모양이 된다. 이상에서 본 기대기와 함께 공격에서 커다란 효과를 나타내는 또 하나는 적을 분리시키는 수이다.

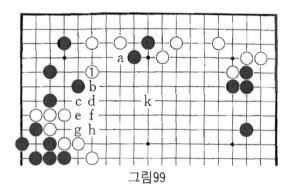

그림99

대체로 분리시키는 전술은 자기가 둔 일착으로 적의 두 개의 돌을 한꺼번에 공격하는 것이므로 공격으로서는 이것만큼 효과적인 것도 없다.

바둑의 통쾌함은 공격에 있고, 공격의 통쾌함은 적을 분리시킴에 있다고 한다.

단, 이러한 절호의 기회에도 불구하고 좋지 않은 수순을 밟는다면 그것은 아무것도 아닌 결과가 되는 것이다.

예를 들어 그림100에서 흑이 중앙에 1로 진출한다면 백은 어떻게 응수할 것인가?

그림101, 백1로 젖혀 응하는 것은 흑의 주문에 빠지는 것이 된다. 이렇게 해서는 오히려 좌상의 백 일단에 허점이 노출되고 만다.

백의 양쪽으로 분리당하여 보기 좋게 공격 받는 모양이 되고 말았다. 정해는 그림102의 백1이다. 이렇게 하면 흑2,

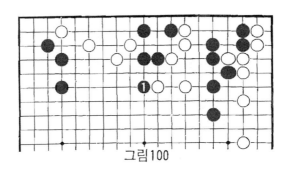

그림100

백3으로 진행되어 당연히 흑은 오른쪽의 일단을 보강하지 않으면 안 되게 된다. 또 중앙의 일단도 탈출하기에 바빠져 난처한 입장에 빠지게 된다. 바로 백에게 분리당했기 때문이다. 이것으로써 방향과 수순이 얼마나 중요

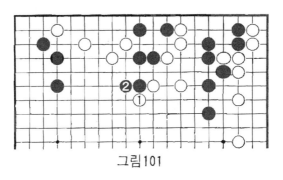

그림101

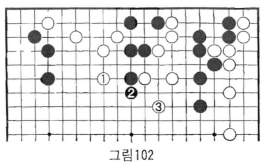

그림102

한 것인가를 잘 알았을 것이다.

또 한 가지 실례를 들자. 그림103. 필자가 백번이다. 중앙에서 흑이 백의·어깨를 짚고 두 번 밀었을 무렵이다.

그런데 필자는 여기서 흑 석 점을 공격하기 위한 수단으로서 오른쪽 흑의 약한 부분을 파헤쳐 분리시키려는 작전을 세웠다.

이런 경우 오른쪽의 흑 일단은 완전하지 못한 것이다.

필자는 우선 급소인 a부터 착수했는데 그 결과가 그림 104이다.

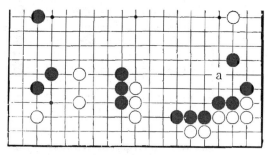

그림103

오른쪽 흑의 급소를 이 그림의 백 1로 공격한 것에 대해 흑 2는 필연적이다. 이하 백 3에서 흑4, 10까지는 거의 절대적인 교환이다. 여기서 백이 계속하여 11에서 쭉쭉 밀고 나가 중앙을 백19, 21로 분리하여 나온 것이 자만의 맥이다.

이 다음 흑a, 백b로 진행이 되는데, 여기서는 적을 분리하여 공격하는 기본적인 패턴을 맛보았을 것이다.

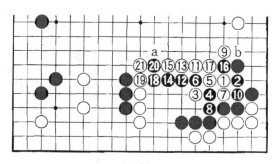

그림104

제10항 이상(理想)은 간접 수법

필사적인 대국의 테크닉에 대해 여러 가지로 설명했다.

남이 뒤따를 수 없는 판별력을 기르고, 빠르고 정확한 수읽기의 힘을 길러서 적의 형(모양)을 파괴시키면서 미끼로 적을 유인하고 두터움을 구축한다는 것.

우세한 장면에서 전투에 돌입하여 돼지는 살찌우면서 기대고 적을 분리해서 공격할 경우에는 모양을 갖추기에 구애받지 말고 필살의 펀치로 녹아웃시키는 것이 순서이다.

그러나 사실상 공격자의 이상(理想)이 단지 치열한 공방전을 전개하고 나서 KO시키는 데에 있는 것은 아니다.

가장 이상적인 대국은 직접 수단을 사용하지 않고 잡은 것으로써 상대방의 일단을 모두 잡아 버리는 것이다.

이것이다 하고 노리고 있는 상대의 돌을 그대로 모른 척 방치해 두는 고등 전술인 것이다.

놀랍게도 이것이 결사적 대국에서의 최고의 수단인 것이다.

한 눈밖에 없다는 사실은 누구나 다 알고 있지만 그 속에서 무엇인가 되겠지 하고 안심하고 있다면 여기저기서 싸움을 걸어와 분주하게 만들기 때문에 일단락이 되고 난 다음에 정신을 차려 보면 이미 그 돌은 탈출구가 전부 막혀 그대로 잡히고 마는 경우이다. 흔히 아마추어들이 "아! 이것을 잊고 있었군." 따위의 비명을 지르는 것을 볼 수 있는데 이러한 승리야말로 정말 멋진 것이라 할 것이다.

그러나 이것은 이상적인 이야기일 뿐 현실적으로는 실현될 수 없는 것이다. 단, 상대가 강한데 이 간접적 수법이 성공했다면 그것은 참으로 축배를 들 만한 것이라 하겠다.

특별항 독심술(讀心術)

마지막으로 특별히 이 항목을 추가했다.

이것은 대국 중에 상대방의 마음을 읽으면 유리하다는 것이다.

원래 바둑이란 반면(盤面)에서 벌어지는 게임으로서 항상 두는 수는 한 수이기 때문에 상대방이 누구인지, 또는 상대의 기분이 어떤지 따위는 전연 관계가 없다고 할는지도 모른다.

그리고 언제나 그 반면 위에서 최선의 수를 두면 되는 것이므로, 어쩌면 상대방이 맞은 편에 앉아 있지 않아도 좋을는지 모른다.

사실 역사적으로 따져 보아도 지금으로부터 약 40년 전, 원사 대항전 때에 鈴木과 野澤의 십번기의 제 2국부터는 각각 별실에서 두어졌었다.

이것은 폐를 앓고 있던 野澤이 대국시에 심하게 기침을 했기 때문에 이를 싫어한 鈴木이 그런 조치를 취한 것이라고 전해졌다.

이러한 경우라면 본항의 독심술은 전혀 의미가 없으며, 대국자는 다만 반면 위에서 최선을 다할 수밖에 없는 것이다.

다만 필자의 입장에서 보면 그런 속에서도 상대방의 대국 심리는 알 수 있다는 것이다.

눈앞에 대국자가 마주앉지 않았다 하더라도 상대방이 둔 돌이 그때의 심리를 대변해주고 있기 때문이다.

즉, 넓은 땅을 확보하는 갈림길에 이르게 되면, 상대방은 서로가 실리에 급급해 있음을 알 수 있고, 쫓고 쫓기면서 치열하게 맞싸울 경우에는 서로가 실리에 집착되지 않고 있음을 알 수 있는 것이다.

또 시간을 별로 소비하지 않고 곧 이어서 응수해 오면 상대방은 자신이 읽은 맥에서 자기가 기대했던 진행의 선을 그대로 따라가고 있는 것임을 상상할 수 있으며, 또 긴 시간이 걸리고서도 상대방이 여간해서 착수하지 않으면 이것은 그가 어려운 처지에 놓여 있다는 증거가 되는 것이다.

따라서 상대방이 별실에 있다 할지라도 돌의 움직임이나 시간의 빠르고 늦음에 의해 상대방의 마음을 알 수가 있다.

그리고 눈앞에 앉아 있는 상대라면 비록 소리를 내지는 않는다 하더라도, 담배를 피우는 모습이나 차를 마시는 태도에서 마음에 여유가 있는지, 아니면 초조해 하고 있는지를 알 수 있다.

이렇게 상대방의 마음——의기양양해 있는지 실망하고 있는지, 또는 동요하고 있는지 냉정한지——을 알아차리고 있으면 그만큼 유효하다는 것이다.

예를 들어 상대가 일단의 잡힘을 보지 못하고 있다고 하자. 또는 얼른 보아 사는 모양이기 때문에 그곳을 안심해서 손을 빼고 있다고 해보자.

이런 경우에는 상대가 그것을 알고 있으면서도 손을 빼고 있는 것인지, 아니면 잘못 보았기 때문에 삶이라 생각하고 손을 뺀 것인지를 빨리 알아차릴 필요가 있는 것이다. 필자는 이런 이유에서 특별히 이 독심술이라는 항을 설정한 것이다.

만약 상대방이 잘못 보고 있는 것이라면, 곧바로 잡으러가지 않아도 되기 때문에 다른 곳의 바쁜 국면을 먼저 수습하고 나서 본격적인 단계에 들어가서 탈출로를 봉쇄할 것인가, 아니면 상대방이 이를 알아차린 것 같으므로 지금 바로 필살의 수를 쓸 것인가 하는 것을 각자가 자신의 작전에 의해 결정하게 되는 것이다.

어쨌든 적의 심리를 읽는다는 것은 매우 중요한 일이다.

상대가 목산을 하고 있음을 곧 알 수 있으며, 그 결과 상대가 낙관하고 있는가, 비관하고 있는가도 곧 알 수 있을 것이기 때문이다. 왜냐하면 상대방의 결론은 반드시 그의 타착점으로 나타나기 때문이다.

착수의 형을 크게 나누면, 비관형과 낙관형이 있는데 두어진 돌은 반드시 그 심리 상태를 반영하게 된다.

상대가 동요하고 있을 때에는 반드시 악수가 나타나게 마련인데, 한 번 악수를 두고 나면 틀림없이 다음에 또다시 악수가 나타나게 된다.

그러므로 상대가 착수하고 나서 후회하고 있는지 아닌지를 잘 판단하면 그것이 바로 승패에 연결되는 찬스라고 할 수도 있게 되는 것이다. 이미 이긴 기세라면 그것으로 그만이지만, 쭉 노리고 있던 수가 이제야 나타났다면 그러한 찬스야말로 전투 개시의 절호의 시기라 아니할 수 없는 것이다.

대국 심리란 실로 미묘한 것이다.

아마추어들 옆에서 흔히 훈수를 두는 사람들이 있는데 이런 경우 겨우 한 집 손해수인데도,

"여기서 한 집 손해보았군."

하고 옆에서 말하면 대국자는 불유쾌한 기분이 되어 다음에 악수를 더 연발하게 된다.

그러나 알아차리지 못하면 차라리 모르는게 약이라고 동요하지 않게 되므로 악수는 두지 않게 된다. 따라서 이러한 경우 옆에서 훈수를 하는 것은 죄스러운 일이라 하지 않을 수 없다.

더구나 상대가 대마의 죽음을 보지 못하고 있을 경우에 이러한 발언벽(發言癖)이 있는 사람이 대국하는 곳에 오게 되면, 그 대국은 정말 재미가 없어진다.

V. 대국의 방어 요령

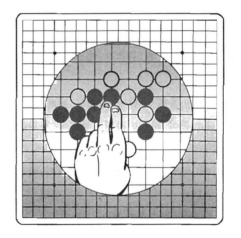

제 1 편에서 제 4 편까지 필자는 공격자의 각종 실상과 그 노리는 수, 그리고 테크닉(수법)에 대해 설명했다.

이상 제 5 편에서는 총편으로서 이러한 공격자에 대하여 여러분의 방어법을 설명하자.

어떻게 하면 이 공격자의 비수로부터 벗어날 수가 있을까 하는 점이 바로 그것이다.

다시 한번 서부 영화의 무법자를 생각해 보기로 하자. 이 무법자와 당신이 인적이 끊긴 거리의 광장에서 대결하고 있다고 가정해 보자.

오직 두 사람뿐. 당신에게 구원의 손길을 내밀 사람은 아무도 없다.

상대편은 전광 석화와 같은 재빠른 솜씨로 권총을 뽑는다. 정확무비하게 목표를 명중시킨다. 이것에 대하여 당신은 어떻게 하면 좋을까?

대답은 간단하다.

당신도 재빠르게 권총을 뽑아서 정확하게 상대방을 명중시키면 되는 것이다.

공격자는 돌의 사활에 대해서 재빠른 판별력을 가지고 있다. 웬만한 묘수풀이 바둑이라면, 첫눈에 정확히 읽어낼 기력(棋力)이 있는 것이다.

따라서 당신도 돌의 사활에 대해서 탁월하게 판단할 수 있는 힘을 갖추도록 노력하지 않으면 안 된다.

즉, 웬만한 묘수풀이라면,

"이것은 發陽論(명인 因碩 지음)이다."

"衆妙(林元美 지음)인가, 精妙(林元美 지음)인가?"

또 중국의 옛 바둑의 경전인

"玄玄碁經인데, 官子譜일 것이다."

근대의 것이라면,

"死活妙機(秀哉명인 지음)이군."
하고 즉석에서 분간해 낼 수 있어야 한다. 아니, 그런 정도까지는
못 된다 하더라도 하나의 형을 본 순간에,

"이것은 어딘가 의심스럽다. 무엇인가 수가 있을 것 같다."
하고 주의를 할 정도는 되어야 한다.

적어도 무조건 삶이 되고 있는 돌이냐 아니면 어딘가에 가일수
하지 않으면 안 되는 돌이냐 하는 것이 빨리 머리에 떠오를 정도
가 되지 않으면 안 되는 것이다.

위험하다고 느껴질 때 얼른 우군에 연결지어 놓는다든가 두 눈을
확보해 둔다든가 하면 뒤에 어떤 수를 당한다 해도 잡힐 염려는 없
어지게 된다.

수를 잘못 읽고 살지 못하는 돌을 그대로 기어나가게 하는 것은
제일 두려운 것이다.

따라서 자신이 없으면 될 수 있는 한 연결을 지어 두어라. 그러
면 절대 안전하다. 바둑의 테크닉 중에서 토막을 낸다는 것이 있는
데 그것은 즉, 이쪽은 그 반대수를 취해서 이쪽저쪽 연결지어 놓기
만 하면, 분단당하여 각각 두 눈을 갖는 것보다도 더욱 안전하게
된다는 것이다.

다시 말해서 무법자와 대결해야 할 경우 아무래도 허리의 권총
을 뽑는 것이 상대보다도 느리고 사격 솜씨도 상대방보다 부정확
하다면 처음부터 대결의 광장에 나서지 않도록 하는 것이 좋다. 이
것은 군자는 위험에 가까이하지 않는다는 사고 방식에서 온 것이다.

그렇게 한다고 하더라도 사활을 판단하는 눈과 맞싸움에서 수를
읽는 힘을 양성할 필요는 있다.

아무리 교묘하게 작전을 세우고, 아무리 훌륭하게 포석을 한다고
하더라도 결국 바둑의 승패는 힘에 의해 결정되기 때문이다.

그러므로 애기가 여러분은 조금이라도 여가가 있으면 묘수 풀이
나 정맥을 공부하여 기력을 향상시키라고 권유하고 싶다.

206

또 결사적 대국의 경우에 구체적으로 주의해야 할 일은 공배를 경계해야 한다는 것이다.

자칫하여 공배가 메워지면 돌이 잡히게 되므로 그렇게 급하게 두지 않아도 좋을 공배는 될 수 있는 한 메우지 않도록 주의하지 않으면 안 된다.

필자의 실전 중에서 상대방의 공배가 메워져 크게 압승한 실례를 하나 들어 보겠다.

그림105가 바로 그것인데,

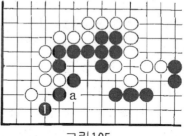

그림105

이것은 필자가 백번으로 반집의 승패를 다투는 끝내기였다.

흑1로 마늘모해 왔는데 실제로는 이 흑1로 a에 잇는 것이 정착이었다. 필자는 곧 a로 끊었다.

이어서 그림106. 흑3의 응수는 부득이한 수. 거기에 백4가 젖혀 나왔다.

이것으로써 공배가 없는 흑 9점은 더이상 움직일 수단이 없어 돌을 던지고 말았다. 여기서 흑이 a에 끊어도 백b, 흑c, 백d이다.

흑으로서는 그림107을 예상하여 백이 a에 끊어도 흑b, 백c, 흑d, 백e, 흑f로 충분하다고 읽고 있었던 것이다.

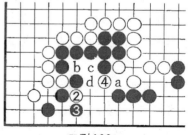

그림106

이처럼 공배가 없으면 자칫 목숨마저 잃게 되므로 결사적인 대국에서는 특히 주의하여 운석(運石)해야 한다.

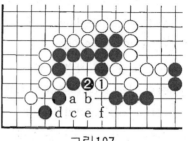

그림107

또 한 가지 주의해야 할 점은 돌의 형을 정돈해 둘 필요가 있다는 것이다. 상대는, 테크닉편에서 설명한 것처럼 빈틈이 있으면 이쪽 돌의 급소를 찔러 형을 파괴시키려고 노리고 있다.

형이 파괴되면 공격당했을 경우 불필요한 수수(手數)가 걸릴 뿐아니라 눈의 모양이 없어지게 되므로, 비록 후수가 되는 한이 있더라도 방비해야 할 곳은 한 수 방비하여 자기 진영을 잘 정비해 두어야 한다.

보통 대국에서는 서로가 선수를 잡기에 급급하여 얇은 형을 그대로 방치한 채 대모양으로, 방향을 바꾸는 수가 많은데 비록 후수가되더라도 자기 진을 착실하게 정비하는 것은 소위 후수의 선수라는 것으로 현실적으로는 지체된 감이 있지만 장차 이익이 됨은 물론이다.

상대가 공격자인 경우에는 특히 자기 진을 정비하는 방침을 채택해야만 하는 것이다.

그러면 이러한 마음가짐으로 병졸을 통솔지휘하여 드디어 중반의 실전인 공격적 대국에서 취할 세 가지 방어요령을 알아보자.

(1) 강한 돌 근처에는 가지 말라

내기 바둑의 대가가 필승의 비결을 질문받고,

"적의 강한 돌에는 가까이 가지 말라."

고 가르쳤다는데, 정말이지 자기보다 약한 사람하고만 둔다면 지는일은 없을 것이다.

따라서 강한 돌 근처에 가지 말라는 것은 하나의 격언으로서 상대의 강한 돌 근처에는 자기의 돌을 접근시키지 말라는 뜻이다.

다시 말해서 상대방이 두터운 벽을 구축하고 있다면 그 근처에두지 말고 될 수 있는 한 멀리 떨어져서 두라는 것이다.

"두터움을 집으로 삼지 말라."는 격언도 있다.

두터운 벽이 형성되었으면 그 벽에 상대의 돌을 밀어 붙여 공격하려는 것이 바둑의 철칙인데, 이것을 반대로, 두터운 벽쪽에서 두어 그곳을 집으로 만들려는 것은 잘못된 것이라는 것이다.

이러한 이유에서 적의 두터운 벽에 접근해 두면 알맞게 벽과의 사이에 협공당하여 차츰차츰 벽쪽으로 밀리면서 공격당하는 것이다.

어떻게 하든 적진에서의 싸움이므로 순탄하게 진행될 리가 없다. 겨우 삶을 도모한 사이에 상대방은 다른 쪽에 두터운 벽을 만들어 버릴지도 모르기 때문이다.

그림108에서 설명하자.

우하귀의 형은 소목 한 칸 높은 걸이의 변화형이다.

이처럼 우하에 백의 두터움이 있을 경우에는 흑이 1로 두 칸에 벌리는 것이 올바른 것이다.

오른쪽이 아무것도 아니라면 보통 이 흑1로 더 일로를 넓혀 a 까지 벌릴 것이나 이런 경우에는 오른쪽의 백이 철벽이므로 거기에 가까이 접근시키는 것은 위험하다.

단지 백b로 뛰어들기를 당한다 해도 고전을 면치 못한다.

이리하여 적의 두터움은 경원당할 정도에까지 이르게 되는데, 초보자들은 이것에 별로 신경을 쓰지 않

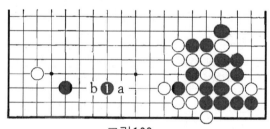

그림108

기 때문에, 무턱대고 두터운 벽에 접근하다가 결국 궁지에 몰리고 마는 것이다.

이것도 공격자의 좋은 목표물이 되는 것이므로, 될 수 있으면 상대방의 벽이 효력을 발휘할 수 없도록 주의해야 한다.

(2) 돌은 요령껏 버려야 한다

여러분은 대국할 때에,

"돌은 어떻게 버리면 좋을까?" 하고 고심했던 일이 있는가?

그렇다고 자신있게 대답할 수 있는 사람이라면 그는 훌륭한 기객(棋客)이라 할 것이다.

바둑은 그 솜씨가 늘수록 돌을 버리는 방법에 대해 고심하게 되는 것이다. Ⅲ편에서 상세히 해설했던 秀哉·雁金의 대국에서 雁金 준일사는 분명히 그 대마를 어떻게 버릴까 하고 고심했었음을 알 수 있다.

왜냐하면, 그 돌이 단지 살기만을 도모했더라면 처음부터도 살 수 있었던 것이기 때문이다. 따라서 그것을 그냥 잡히도록 놓아둔 데는 그보다 더 좋은 다른 계획이 있었기 때문일 것이다.

바둑의 격언에,

"돌은 잡고, 바둑에선 진다."

라는 말이 있다. 이것은 바로 요령껏 버린 돌을 멋모르고 잡았다가 결과적으로 응형이 되고 만 것을 일컫는 말이다.

단, 여기서 이 항목을 설정한 것은 처음부터 계획적으로 둔 버린 돌이 아니더라도, 이것은 도저히 살기 어렵다고 판단되는 일단의 돌이라든지, 이것은 비록 탈출할 수 있다고 해도, 도망치기 위해서는 자기 쪽이 더 큰 손해를 입겠다고 판단되는 일단의 돌이 있다면 비록 그것이 소기의 방침과는 다를지라도 고쳐서 상처가 깊어지기 전에 어떻게 훌륭하게 그것을 버릴까 하는 방향으로 작전을 변경하는 것이 좋다는 점을 강조하고 싶다.

이것은 전편의 대국에서의 테크닉에서 본 것처럼

"돼지는 살찌우고 나서"

라는 말과는 정반대가 되는 것이다.

상대방이 키우고 나서 요리하려고 생각하는 돼지의 입장이라면 절대로 나가지 말고 버린 돌로써 활용하여야 한다.

이를테면 버리는 대신 상대방의 돌을 응형으로 만들면서 두터움을 얻는다든지, 다른 방면으로 방향을 돌려 그 보상을 구한다든지, 아니면 패로 만들어 다른 곳에 두 수를 둔다든지 등등 여러 가지로 연구할 수 있을 것이다.

요약하면, 공격적인 상대방의 주문대로 응해서 도망치려고 하지 말아야 한다는 점이 중요하다는 것이다. 우리 전문 기사들이 모여서 논의할 때에 문제가 되는 것은 돌이 무거우냐, 가벼우냐 하는 점이다.

돌을 무겁게 하는 것을 우리 전문 기사들은 극도로 싫어하는데, 그 이유는 일단 무겁게 되면 그 돌을 버리기가 힘들어지기 때문이다.

상대방에게 분리되고 각개 격파를 당하거나 은연중에 간접 수단에 의해 자멸을 초래하게 되는 것도 이처럼 돌이 무거워져서 버리기가 힘들어지기 때문인 것이다.

그러므로 공격적 대국에서의 방어 요령으로서의 첫째 조건은 돌을 무겁게 만들지 말라는 것이다.

(3) 무모한 공격자를 두려움 없이 맞이하라

여기서 결론에 들어가기로 하자.

요약해서 바둑의 공격자는 통쾌함과 동시에 능률적으로, 되도록이면 이러한 점을 최대한으로 발휘하는 데에 있다고 보아도 좋을 것이다.

다만 여기서 염두에 두어야 할 것은 항상 처음부터 상대방의 대마를 죽이려고 하는 것은 사도(邪道)가 된다는 것이다.

야구 선수가 처음부터 홈런을 치려고 배터박스에 서는 것은 팀플레이가 아니라 개인 플레이에 지나지 못하며 그만치 히트도 적어진다는 것과 마찬가지의 이치이다.

공격자라는 호칭을 얻는 것은 무방하다. 단언하거니와 힘이 강하지 못하면 그러한 별명이 붙여질 수 없기 때문이다.

상당한 판별력과 수읽기의 힘이 있어야만 비로소 공격자라는 칭호로써 기우(棋友)들의 두려움을 받게 되는 것이다.

그렇다고 매 대국마다 공격적인 대국을 실현하려고 한다면 사도

(邪道)가 되어버리고 만다.

두텁게 두고, 될 수 있는 한 상대방의 진영을 토막토막 자르는 것은 그만큼 바둑을 넓게 두려는 것으로서 그것은 그것대로 작전상 허용될 수 있겠지만, 어디까지나 그것이 기리(棋理)에 닿은 것이 아니어서는 안 된다.

그렇기 때문에 상대방과 별로 실력 차이가 없는 한 반드시 적의 대마를 잡겠다는 야심은 버려야 한다.

다른 사람들로부터 공격자라고 두려움을 받는다면 그것은 권장할 만한 일이지만, 자기 스스로 "나는 공격적인 바둑에 능숙하다."는 따위로 PR한다는 것은 도저히 용납할 수 없는 일이다.

조용히 기다리고 있다가 상대방이 잘못을 범했을 때, 바로 그 순간을 놓치지 말고 소리없이 쳐들어가는 냉철함을 가져야 한다.

때문에 매 대국마다 끝까지 가지 않고 중간에서 압도적인 승리를 얻으려고 해서는 안 된다.

이러한 이유로서 상대방이 비록 공격적인 대국에 능숙한 사람이라 할지라도 두려워할 필요가 조금도 없는 것이다.

필자는 결론적으로 여러분들에게 공격자를 맞이해 싸워야 할 대국을 환영하라고 권하고 싶다.

상대방이 훌륭한 공격자라면, 여러분의 대마를 잡아낸 다음에 왜 당신의 대마가 죽었는가, 그리고 어느 수가 나빴는가를 가르쳐 줄 것이기 때문이다.

이것이 여러분의 귀중한 경험이 될 것이므로 수험료를 바치면서까지도 대국을 청할 수 있는 열의를 가져야만 하는 것이다.

또 상대방이 판별력이나 수읽기에 뛰어난 사람이라면, 그를 훌륭하게 유인하여 상대방의 대마를 거꾸로 죽여 본다면 어떨까?

대국에서의 테크닉은 이미 전편에서 설명한 바와 같다. 오히려 그 요령으로써 상대방을 잡을 수 있다면 더욱 흥미 있는 일이 될 것이다.

왜냐하면, 제Ⅱ편 죽임의 이로운 점과 해로운 점에서 설명한 것처럼 죽이려 할 때에 무리하면 빈틈이 많은 모양이 되기 쉬우므로 오히려 공격적인 적의 대마를 잡을 찬스가 노출되기 쉬워지기 때문이다.

노루를 쫓아 길도 모르는 깊은 산중으로 들어가는 것처럼, 자기 말이 빈틈이 많은 체로 그대로 포위공격당하는 것이므로 역습을 가했을 때 적이 지리 멸렬하리라는 것은 쉽게 상상할 수가 있다.

약한 공격자는 이상의 이유에서 오히려 잡히는 결과를 초래하기 쉽다. 빈틈 투성이인 채로 공격에만 급급하기 때문이다.

단, 이러한 경우에는 나도 죽이자는 태도를 보이지 말고,

"공격자는 두렵다."

라는 생각으로 우선 상대방에게 좋은 목표를 부여하여 적의 공격진이 길어졌을 때, 바로 그때 역습을 하여 적의 돌을 끊어 떨어뜨리는 작전이 필요하다.

전해져 내려오는 이야기로서 '만두를 무서워하는 사나이'라는 우화가 있다. 언제나 이 사나이는 만두가 무섭다, 만두가 무섭다 하고 바보같은 소리를 연발하므로 짓궂은 동네 사람이 그 사나이를 자기 방에 집어 넣고 밖으로 문을 잠근 다음 조그만 창을 통해 만두를 계속 던져 주었다.

처음에는 놀라 비명을 지르는 소리가 들리더니 얼마쯤 시간이 지나자 조용해졌다.

이상한 생각이 든 동네 사람이 문틈으로 살그머니 들여다보았더니 배가 터질 지경으로 맛있게 만두를 먹고 난 사나이가 이번에는 그 짓궂은 동네 사람을 쳐다보며,

"숭늉물이 무섭다."

하고 말하더라는 것이다.

여러분도 두려움없이 이러한 공격적인 대국자를 기꺼이 맞이하도록 되어야 한다.

훌륭한 공격자일 경우에는 당신 자신의 약점을 배울 수 있을 것이고, 속임수만을 즐겨 두는 공격자라면, 만두를 무서워하는 사나이처럼 적을 유인하면서 배가 터지도록 먹어주면 되는 것이다. 그리하여 어느 틈엔가 여러분 자신도

"저 사람은 두렵다. 저 사람의 공격적 바둑은 정말 놀라운 것이다."

하고 세상 사람들이 두려워하는 기력을 갖게 되기 바란다.

단, 어디까지나 홈런만을 날리자는 헛된 욕심은 버리고 절호의 기회가 왔을 때 이를 놓치는 일 없이 홈런을 통쾌하게 날릴 수 있는 기사로 대성하기 바란다.

바둑의 공격·방어   坂田 바둑 시리즈 ②

著 者：坂 田 榮 男
校 閱：沈 宗 植
編譯者：一信·圍碁書籍編纂會
發行者：南 溶
發行所：一信書籍出版社

주소：[1][2][1]-[1][1][0]
　　　서울 마포구 신수동 177-3
등록：1969. 9. 12. NO. 10-70
전화：영업부 703-3001~6
　　　편집부 703-3007~8
　　　FAX 703-3009
© ILSIN PUBLISHING Co.

값 7,000원